漢字・語句のガイド
光村図書版 完全準拠 国語
中学③年
文理

この本の特色

教科書に出てくる順で覚えられる！

◆教科書の構成に沿った内容なので、学校の授業に合わせて、漢字・語句の学習を進めることができます。

出てきた漢字が確実に覚えられる！

◆教科書に出てくる新出漢字・新出音訓・特別な読み方をする語（熟字訓）は、読み取り・書き取りの両方で、全て出題しています。

◆複数の読み方がある漢字も、中学校で習う読みを全て出題しているので、確実に漢字の知識をつけることができます。

◆注意したい漢字やまちがえやすい漢字は、漢字表の後のコラムで取り上げています。

重要な語句もしっかり覚えられる！

◆教科書に出てくる重要な語句を残さず押さえているので、語句の対策も万全です。

◆語句の意味が複数ある場合は、教科書で使われている意味を取り上げています。

この本の構成と使い方

漢字と語句の解説

新出漢字　漢字の音訓や部首、画数、筆順などを説明し、用例を挙げています。

新出音訓　□の部分が、新しく習う読み方です。

特別な読み方をする語　熟字訓を挙げています。

重要な語句　教科書に出てくる語句のうち、特に覚えておきたい語句について、その意味や用例が示してあります。

教科書に出てくる順！

❖〈　〉内は手書きの際に許容されている字形です。総画数と筆順はこの字形に合わせています。

❖「読み方」では、音読みは片仮名、訓読みは平仮名で示してあります。太い文字は送り仮名です。また、（　）内は中学校では学習しなくてもよい音訓です。

◆注意する語句の記号

類…類義語　対…対義語　関…関連語句　文…短文

基本ドリル

漢字の読み取りと、重要な語句の基本的な使い方について出題しています。まずはしっかりと基礎を固めましょう。

確認ドリル

漢字の書き取りと、重要な語句のより高度な使い方について出題しています。漢字・語句の知識を充実（じゅうじつ）させましょう。

解答編

解き終えたら巻末で答えを確かめましょう。

まなサポ

学習記録アプリ　学びサポート　ほかの教材でも使えます。

●毎日の学習時間をスマホで記録
●学習時間をグラフでかくにん
●学習に応じたごほうびを設定できる

上記のQRコードから，くわしいページにアクセスできます。　※QRコードは（株）デンソーウェーブの登録商標です。

もくじ

1 深まる学びへ

握手

教科書 14▼25 ページ

新出漢字

漢字	読み方	部首	画数	筆順	用例
P15 濯	タク	氵 さんずい	17画	氵 氵ヨ 氵ヨヨ 氵羽 濯 濯	ハンカチを**洗濯**する。 **洗濯物**を干す。 **洗濯場**で靴下を洗う。
P16 穏	オン おだや**か**	禾 のぎへん	16画	禾 禾' 秤 稆 穏 穏	食事の誘いを**穏便**に断る。 **平穏**で安らかな生活。 **穏やか**な天気が続く。
P16 鶏	ケイ にわとり	鳥 とり	19画	⺍ 㸒 奚 鄛 鶏 鶏	**鶏舎**を建て直す。 郊外で**養鶏**業を営む。 **鶏小屋**の掃除をする。
P16 爪	つめ つま	爪 つめ	4画	ノ 厂 爪 爪	伸びた**爪**を切る。 **爪先**立ちをする。
P16 墾	コン	土 つち	16画	⺍ 豸 豸 豸艮 豤 墾	**墾田**の私有を許す。 荒野を**開墾**して田畑にする。
P17 監	カン	皿 さら	15画	丨 Γ 戶 臣 臣⺈ 監	会計の**監査**をする。 敵を注意深く**監視**する。 辞典を**監修**する。

教科書 14▼40 ページ

漢字	読み方	部首	画数	筆順	用例
P17 督	トク	目 め	13画	上 卡 未 叔 督 督	野球チームの**監督**になる。 子供に**家督**を譲る。 地方の**総督**を務める。
P17 帝	テイ	巾 はば	9画	亠 ㇆ 产 产 帝 帝	**皇帝**が統治する。 大日本**帝国**の憲法。 無冠の**帝王**。
P17 泥	(デイ) どろ	氵 さんずい	8画	氵 氵コ 氵尸 氵尸 泥	大量の**泥土**(でいど)が流れる。 **泥**だらけになって遊ぶ。 雨の日の**泥はね**に注意する。
P17 傲	ゴウ	亻 にんべん	13画	亻 仁 佳 傲 傲 傲	**傲慢**な態度。 **傲然**と構える。
P19 捜	ソウ さが**す**	扌 てへん	10画	扌 扣 押 抻 捜 捜	犯罪の**捜査**を行う。 容疑者の自宅を**捜索**する。 デパートで迷子を**捜す**。
P20 冗	ジョウ	冖 わかんむり	4画	丶 冖 冗 冗	おもしろい**冗談**を言う。 **冗長**な手紙を読む。 **冗費**の節減に努める。
P21 姓	セイ ショウ	女 おんなへん	8画	女 女' 女' 妅 姓 姓	書類に**姓名**を記入する。 **改姓**の手続きをする。 **素姓**を明らかにする。
P22 忌	キ (い**む**) (い**まわしい**)	心 こころ	7画	乛 コ 己 己 忌 忌	一周**忌**を迎える。 **忌**(い)むべき風習が残る。 **忌まわしい**事件が起こる。

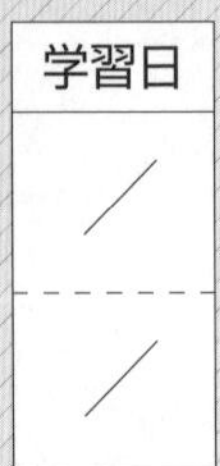

漢字	読み方	部首・画数	用例
P23 腫	シュ **はれる** **はらす**	月 にくづき 13画	頭の中に**腫瘍**ができる。 足がぷっくりと**腫れる**。 泣いてまぶたを**腫らす**。
P23 瘍	ヨウ	疒 やまいだれ 14画	**潰瘍**をわずらう。
P23 葬	ソウ （ほうむ**る**）	艹 くさかんむり 12画	**葬式**に参列する。 長い**葬列**が続く。 死者を**葬る**。

新出音訓（□は新しく習う読み方）

漢字	読み方	用例
P15 代	ダイ・タイ か**わる**・か**える**・よ・[しろ]	この商品はひどい**代物**だ。
P20 割	[カツ] わ**る**・わり・わ**れる**・さ**く**	財産を**分割**する。
P20 遺	イ・[ユイ]	父は生前に**遺言**を書いた。

書き誤りに注意

爪　遺

▼形のよく似た字に「瓜（うり）」がある。「ㄙ」の有無による字形の違いを説明した言葉に、「瓜（うり）に爪あり爪に爪なし」がある（「ㄙ」を爪に見立てている）。

▼「遺」はのこすの意味。つかわすなどの意味をもつ「遣」と書き誤りやすいので注意する。

形に注意

墾　督

▼耕すという意味。左上の部分の形は「豸」で、「豸」や「豕」ではない。右上も「艮」や「良」ではなく「艮」。しっかり形を覚える。

▼左上の部分は「尗」で、「尗」ではない。下も「日」ではなく「目」。しっかり形を覚える。

使い分けに注意

監　捜

▼「監」は見張るの意味で、「鑑」は手本、見て味わう、見極めるなどの意味。「監修」（書物の内容を監督すること）など書き誤りやすい熟語に注意する。

監…例監視・監督　　鑑…例図鑑・鑑賞・鑑定

▼「捜」と「探」は、どちらも「さが（す）」と読むが、使い方が異なるので、意味を理解して正しく使う。

・捜す…見えなくなったものを、動き回って見つけようとする。例迷子を捜す。犯人を捜す。

・探す…欲しいものを、見当をつけて見つけようとする。例仕事を探す。宝箱を探す。

重要な語句　◆は教科書中にある「注意する語句」

14ページ

2とうに　ずっと前に。とっくに。
文出かける用意は、とうにできている。

◆**5達者**　（ここでは）巧みなこと。上手なこと。
文彼は、なかなか口が達者だ。

◆**7年季が入る**　（ここでは）長年の経験を積んで、熟練している。

15ページ

1厄介になる　宿や食事の面倒を見てもらう。
文古い友人宅ですっかり厄介になった。

1べからず　……してはならない。
文教室では騒ぐべからず。

◆8気前がいい　お金や物などを惜しまずに使う気性。

9代物　品物や商品。（ここでは）「もの」に滑稽味を添えた表現。
文骨とう市でとんだ代物をつかまされた。

13収容　（ここでは）施設に入れること。

19万力（まんりき）　工作物を挟んで締めつけて固定する器具。

16ページ

2顔をしかめる　不快、不機嫌などで、顔や額にしわを寄せる。

2穏やか　（ここでは）落ち着いた様子である。

3郊外　都市の周辺で、田畑などの多いところ。

4近況　最近の状況、様子。

9デスクワーク　机に向かってする仕事。

◆10精を出す　一生懸命に励み努力する。
文合格を目指して勉強に精を出す。

◆16奇妙　（ここでは）普通と変わっている様子。

20開墾　荒れ地を切り開いて耕し、田畑にすること。

17ページ

2埋め合わせ　不足分や損失などを補うこと。
文約束を破った埋め合わせに、掃除を手伝う。

3七曜表　カレンダーのこと。

4見せしめ　今後同じようなことをしないように懲らしめ、その人や他の人の戒めとすること。
文他の生徒への見せしめとして、厳しく注意した。

10元をとる　手間や苦労をかけた分に見合う利益を手に入れる。
文つぎ込んだ資金の元をとろうと、販売に力を入れた。

10立ち消え　（ここでは）計画や物事がいつの間にかなくなってしまうこと。
文道路を造る話は、いつの間にか立ち消えになった。

11汁の実　吸い物やみそ汁などに入れる具。
文今日の汁の実は、大好きな玉ねぎだ。

12罰が当たる　悪い行いに対する報いを受ける。（ここでは）報いを受けるほど、悪い行いだという意を含む。
文普段の行いが悪いから、罰が当たったんだよ。

14無視　それが存在することの価値を認めないこと。問題にしないこと。

20傲慢　自分の立場や力を考えずにおごりたかぶって、人を見下すこと。対謙虚

18ページ

9首をかしげる　疑問に思う。不審に感じる。
文彼の意見は、首をかしげるものばかりだ。

◆9……（の）わりに　……にしては。
文あの犬は、体の大きさのわりに気が小さい。

18せわしい　（ここでは）次から次へと動きが速くて落ち着かない様子。せわしない。

19ページ

◆12こたえる　（ここでは）身にしみて強く感じる。
文暑さが身にこたえる。

13 ひねり出す　（ここでは）いろいろ工夫して作り出す。
文 少ない小遣いから本代をひねり出す。

17 純毛　化学繊維などを混ぜていない毛糸、毛織物。

20ページ

10 分割　いくつかに分けること。

◆11 地道　物事をしっかりと行っていて、着実なこと。
文 地道な努力が実を結ぶ。

◆16 いとまごい　（ここでは）別れを告げること。別れの挨拶をすること。

21ページ

1 はばかる　（ここでは）遠慮する。気がねする。
文 夜中なので、辺りをはばかって小声で話す。

◆1 平凡　ありふれていて特別なところがないこと。
対 非凡　類 普通・凡庸（ぼんよう）

6 陽気　（ここでは）天候。気候。

8 知恵を絞る　いい結論を出すためにあれこれ考える。
文 試合の前に、知恵を絞って作戦を立てる。

◆13 腕前　（ここでは）身につけた技能の程度。
関 腕が立つ　優れた技能があり、仕事がよくできる。
関 腕によりをかける　もっている能力や技能を十分に生かして物事に当たる。
関 腕を振るう　得意とする技能を発揮する。

16 いっとう　（ここでは）もっとも。一番。

22ページ

◆13 むやみに　（ここでは）度を越している様子。
文 今年の夏はむやみに暑い。

23ページ

1 腫瘍　身体にできる異常な細胞の集まり。

学びて時に之（これ）を習ふ――「論語」から

教科書 28▼31 ページ

重要な語句

28ページ

2 言行　口で言うことと実際に行うこと。

4 編む　（ここでは）文章などを集めて本などを作る。編集する。

6 思索　筋道を立てて、じっくり考えること。
文 より良く生きるための思索にふける。

7 章句　文章の大きなまとまりと小さなまとまり。
文 古典文学の章句を引用する。

8 名言　事柄の本質をうまく表現した言葉。
文 世界の名言を集めて紹介する。

情報の信頼性

教科書 32▼33 ページ

新出漢字

漢字	読み方	部首	画数	筆順	用例
P33 匿	トク	匸 かくしがまえ はこがまえ	10画	一 ー 干 开 芢 若 匿	匿名で投書する。証拠品を隠匿する。情報源を秘匿する。

漢字1 熟語の読み方

教科書 38▼39 ページ

新出漢字

	漢字	読み方	部首	画数	筆順	用例
P38	頓	トン	頁 おおがい	13画	ノ 匕 屯 屯 頓 頓	部屋を**整頓**する。 洋服には**頓着**しない。
P38	獣	ジュウ けもの	犬 いぬ	16画	⺍ 畄 畄 兽 獣 獣	**獣医**を目指し勉強する。 **鳥獣**の生態を観察する。 **獣道**をたどって沢に出た。
P38	頒	ハン	頁 おおがい	13画	分 分 分 頒 頒 頒	街頭でチラシを**頒布**する。
P38	袖	（シュウ） そで	衤 ころもへん	10画	衤 衤 衤 袖 袖 袖	各派の**領袖**（りょうしゅう）が話し合う。 **長袖**のシャツを着る。 **袖口**にレースをあしらう。
P38	堀	ほり	土 つちへん	11画	土 圸 坭 堀 堀 堀	**外堀**を巡（めぐ）らせた城。 **釣り堀**で魚を釣る。
P38	枕	まくら	木 きへん	8画	十 木 木 杪 枕	線路の**枕木**を点検する。 着替えを**枕元**に置く。
P38	釜	かま	金 かね	10画	父 父 斧 斧 斧 釜	駅弁の**釜飯**を買う。 **茶釜**で湯を沸かす。 同じ**釜**の飯を食べる。

	漢字	読み方	部首	画数	筆順	用例
P38	脇	わき	月 にくづき	10画	刀 月 肋 肪 脇	駅の**脇**に交番がある。 道の**両脇**に花を植える。 話が**脇道**にそれる。
P38	棟	トウ むね （むな）	木 きへん	12画	木 木 杧 梀 棟 棟	救命**病棟**で働く医師。 団地の**別棟**に友人がいる。 **棟木**（むなぎ）を組み終える。
P39	枠	わく	木 きへん	8画	十 木 木 杁 枠 枠	**窓枠**を固定する。 **枠**にはまった考え方。 文字を**枠内**に収める。
P39	峡	キョウ	山 やまへん	9画	山 山 屴 屶 峡 峡	**海峡**を渡る船舶（せんぱく）。 美しい**山峡**を撮影する。 **峡谷**（こく）につり橋を架ける。
P39	藍	（ラン） あい	艹 くさかんむり	18画	艹 芦 蔵 藍 藍	**出藍**（しゅつらん）の誉れ。 **藍色**のハンカチを広げる。 **藍染め**の反物（たんもの）。
P39	瀬	せ	氵 さんずい	19画	氵 沪 涑 瀬 瀬 瀬	**瀬戸物**の器を買う。 **浅瀬**で水遊びをする。 立つ**瀬**がない。
P39	錦	キン にしき	金 かねへん	16画	金 鉑 鉑 鉑 錦 錦	**錦秋**の候。 **錦絵**を飾る。 故郷に**錦**を飾る。
P39	粋	スイ いき	米 こめへん	10画	丷 半 米 籵 粋 粋	**純粋**な水を抽出する。 本から一文を**抜粋**する。 **粋**な計らいをする。
P39	瞳	ドウ ひとみ	目 めへん	17画	目 盰 暗 暗 瞳 瞳	**瞳孔**（こう）の大きさが変わる。 ゆっくりと**瞳**を閉じる。 つぶらな**瞳**で見つめる。

漢字	読み	部首	画数	筆順	用例
P39 謁	エツ	言 ごんべん	15画	言 訁 訁 謁 謁 謁	国王との**謁見**が許される。 法王に**拝謁**する。
P39 繭	(ケン) まゆ	糸 いと	18画	艹 芇 芇 蔛 繭 繭	**繭糸**(けんし)でできたスカーフ。 蚕の**繭**をつむぐ。 正月に**繭玉**を飾る。
P39 錠	ジョウ	金 かねへん	16画	釒 鈩 鈩 錠 錠 錠	水で**錠剤**を飲む。 倉の**錠前**を外す。 犯人に**手錠**をかける。
P39 患	カン (わずら**う**)	心 こころ	11画	口 吕 串 串 患 患	入院**患者**の介護をする。 **患部**を清潔に保つ。 目の病気を**患**(わずら)**う**。
P39 碁	ゴ	石 いし	13画	卄 甘 其 其 棊 碁	**囲碁**教室に通う。 父と**碁**を打つ。 **碁石**をきれいに磨く。
P39 乙	オツ	乙 おつ	1画	乙	甲**乙**をつけがたいできだ。 **乙**なセリフを言う。
P39 冶	ヤ	冫 にすい	7画	冫 冫 冫 冶 冶 冶	**冶金**の技術を受け継ぐ。 人格を**陶冶**する。
P39 硫	リュウ	石 いしへん	12画	石 石 矿 矿 硫 硫	**硫酸**の取り扱いに注意する。

新出音訓

(□は新しく習う読み方)

漢字	読み方	用例
P39 谷	[コク] たに	峡谷の雄大な景観。
P39 干	カン ほす・[ひる]	潮の引いた干潟。
P39 反	ハン・(ホン)・[タン] そる・そらす	反物を購入する。

特別な読み方をする語

39 五月雨【さみだれ】 39 白髪【しらが】
39 吹雪【ふぶき】 39 乙女【おとめ】
39 雪崩【なだれ】 39 鍛冶【かじ】
39 硫黄【いおう】

使い分けに注意

堀

▼「屈」の部分が共通する「掘」は、「掘る」という動作を表す。「堀」は名詞で「水を流す水路」を表す。混同しやすいので、「堀を掘る→土(土)の堀を、扌(手)で掘る」と覚える。

書き誤りに注意

枕

▼右側は「冘」。「冖」の下に「人」や「大」を書くなどしないように形を正しく捉える。

峡

▼はざまを表す「峡」、はさむことを表す「挟」、せまいことを表す「狭」は、形が似ていて、音読みも同じ「キョウ」。書き誤りやすいので注意する。

部首に注意

繭

▼部首は「糸（いと）」。「艹（くさかんむり）」や「冂（どうがまえ）」ではない。

覚えておこう

反

▼「反（タン）」は布地の長さの単位。一反は幅約三十六センチメートル、長さ約十メートルで、和服一着分に当たる。

重要な語句

38ページ

下5 **頒布**　不特定多数に広く配ること。文試供品を頒布する。

下7 **外堀**　城を囲むように掘って、水をためてある部分。

下8 **重箱**　料理を詰める箱型の、蓋が付いている容器。

下8 **湯桶**（ゆとう）　飲料の湯を入れる桶（おけ）。

39ページ

上7 **五月雨**　陰暦五月頃に降り続く長雨。梅雨。

上8 **吹雪**　強い風に吹かれて降る雪。

上12 **上手**（うわて）　（ここでは）能力などが優れている。対下手（したて）

上13 **上手**（かみて）　（ここでは）客席から見て舞台の右側。対下手（しもて）

上14 **上手**（じょうず）　巧みで手際がよい。うまい。対下手（へた）

下4 **峡谷**　両側が切り立った崖からなる、幅の狭い川。

下4 **干潟**　潮の満ち引きにより、海中になったり陸になったりする砂や泥でできた部分。文干潟に潮が満ちてくる。

下5 **喪中**　近親者が死んだ後、身を慎み喪に服している期間。

下5 **反物**　大人一人分の着物を仕立てる分量の布地。

下6 **錦絵**　多色刷りにした浮世絵版画。

下7 **謁見**　身分の高い人や目上の人に会うこと。

下8 **繭玉**　枝などに紅白の餅や団子などを、小さく丸めて付けてある、正月の飾り物。

下8 **錠前**　戸などに付け、自由に開閉できないようにする金具。

下11 **甲乙**　一番目と二番目。優劣。

下12 **冶金**　鉱石から金属を取り出し、精製すること。

漢字に親しもう1

教科書40ページ

新出漢字

漢字	読み方	部首	筆順	画数	用例
P40 酬	シュウ	酉 ひよみのとり とりへん	丆 西 酉 酌 酬 酬	13画	任務の**報酬**を支払う。会議で意見の**応酬**が続く。
P40 却	キャク	卩 ふしづくり わりふ	十 土 去 去 却 却	7画	妹の提案を**却下**する。エンジンを**冷却**する。図書館の本を**返却**する。
P40 閥	バツ	門 もんがまえ	𠃌 門 門 閥 閥 閥	14画	終戦後に解体された**財閥**。閉鎖的な**学閥**が存在する。小さな**派閥**ができる。
P40 賠	バイ	貝 かいへん	目 貝 貯 貯 貯 賠	15画	国が損害を**賠償**する。

漢字	読み	部首	画数	筆順	用例
P40 轄	カツ	車 くるまへん	17画	車 軒 軡 軩 轄 轄	**管轄**官庁を訪ねる。政府が各省庁を**統轄**する。**所轄**の警察署へ急報する。
P40 騰	トウ	馬 うま	20画	月 月\` 胖 滕 騰 騰	鍋の湯を**沸騰**させる。株価が**高騰**する。原油価格の**急騰**に驚く。
P40 幽	ユウ	幺 よう いとがしら	9画	丨 ㄠ 幺 幽 幽 幽	城のろうやに**幽閉**される。お化け屋敷の**幽霊**に驚く。**深山幽谷**の趣。
P40 胎	タイ	月 にくづき	9画	月 肚 肣 胎 胎 胎	**胎児**への影響を調べる。良作を**換骨奪胎**する。**胎動**をはっきりと感じる。
P40 酌	シャク（くむ）	酉 ひよみのとり とりへん	10画	冂 西 酉 酌 酌 酌	父はビールで毎日**晩酌**する。**情状酌量**の余地がある。酒を**酌**(く)**み交**(か)**わす**。
P40 沙	サ	氵 さんずい	7画	氵 氵 氵 沙 沙 沙	詳細は追って**沙汰**(た)する。**ご無沙汰**しています。
P40 汰	タ	氵 さんずい	7画	氵 氵 汁 汏 汰 汰	正気の**沙汰**ではない。なんの**音沙汰**もない。
P40 漏	ロウ もる もれる もらす	氵 さんずい	14画	氵 沪 漏 漏 漏 漏	**漏電**には十分注意する。天井から雨が**漏る**。隙間から光が**漏れる**。要点を**漏らさ**ず伝える。
P40 溝	コウ みぞ	氵 さんずい	13画	氵 洴 溝 溝 溝 溝	世界一深い**マリアナ海溝**。**側溝**の掃除をする。友達との**溝**を埋める。
P40 洪	コウ	氵 さんずい	9画	氵 汁 汫 洪 洪 洪	大雨**洪水**警報が発令される。

新出音訓（□は新しく習う読み方）

漢字	読み方	用例
P40 研	ケン とぐ	包丁を丁寧に**研ぐ**。
P40 損	ソン そこなう・そこねる	心証を**損なう**ような発言。赤ちゃんの機嫌を**損ねる**。
P40 己	コ・キ おのれ	**己**の姿を鏡に映す。
P40 公	コウ おおやけ	**公**の交通機関を利用する。
P40 初	ショ はじめ・はじめて・はつ・（うい）・そめる	夜が白々と**明け初める**。

使い分けに注意

酌

▼「酌」には、①お酒をつぐ、②相手の気持ちや事情をくむという意味がある。「酌量」という語句があるが、これはお酒をつぐ量という意味ではなく、事情をくみ取って罪を加減するという意味。

基本ドリル 1

1 深まる学びへ

解答 106ページ

学習日 ／ ／

1 次の漢字の読み方を書きなさい。

握手

① 洗濯場の掃除をする。
② これはとんだ代物だ。
③ 穏やかな日常を送る。
④ トラブルを穏便に収める。
⑤ 最新の鶏舎を見学する。
⑥ 鶏の形の風向計。
⑦ 縁側で爪を切る。
⑧ 爪先をそろえて立つ。
⑨ 荒れ地を開墾する。
⑩ 監督官に休みを申し出る。
⑪ 大日本帝国の憲法を学ぶ。
⑫ 畑で泥だらけになる。
⑬ 傲慢な考え方を改める。
⑭ 逃げた犯人を捜す。
⑮ 汚職事件を捜査する。
⑯ 土地を分割して相続する。
⑰ 彼には冗談が通じない。
⑱ 生前に遺言を書いておく。
⑲ 空欄に姓名を書き入れる。
⑳ 自分の素姓を打ち明ける。
㉑ 明日は祖母の一周忌だ。
㉒ 胃に腫瘍ができる。
㉓ まぶたが赤く腫れる。
㉔ 葬式の準備をする。

情報の信頼性

㉕ 匿名性が高いメディア。

漢字1 (1)

㉖ 整頓を心掛ける。
㉗ 鳥獣を保護する。
㉘ 獣道を通って山を下る。
㉙ 資料を頒布する。
㉚ 長袖の服を着る。
㉛ 城の外堀を築く。
㉜ 枕元に本を置く。
㉝ 新しい茶釜を買う。
㉞ 両脇に荷物を抱える。
㉟ 別棟の地下にある倉庫。
㊱ 病棟の改修工事をする。
㊲ 枠内にサインを書く。
㊳ 五月雨の季節。
㊴ 白髪頭の老人がやって来る。
㊵ 激しい吹雪の中を歩く。
㊶ 峡谷を流れる美しい川。

2 次の――線の語句の意味を後から選び、記号で答えなさい。

握手

□① 年季が入った庭師の仕事はどこか違う。（　　）
□② あの人はいつも気前がいい。（　　）
□③ 誰か一人を見せしめに叱るのは逆効果だ。（　　）
□④ 畑仕事に精を出す。（　　）
□⑤ リーダーなしの計画は立ち消えになることが多い。（　　）
□⑥ 彼らは辺りをはばかって小声で話している。（　　）
□⑦ 地道な努力がようやく実を結んだ。（　　）
□⑧ 料理の辛さに顔をしかめる。（　　）

学びて時に之（これ）を習ふ

□⑨ 人生の意味を思索する。（　　）
□⑩ 心に残る名言を集める。（　　）

ア いつの間にかなくなってしまうこと。
イ どうも変だと思う。不審に感じる。
ウ 感心してほめたたえること。
エ 筋道を立てて、じっくり考えること。
オ 一生懸命に励み努力する。
カ 物事をしっかりと行っていて、着実なこと。
キ 不快、不機嫌などで、顔や額にしわを寄せる。
ク お金や物などを惜しまずに使う気性。
ケ 事柄の本質をうまく表現した言葉。
コ 遠慮する。気がねする。
サ 他の人の戒めとすること。
シ 長年の経験を積んで、熟練している。

3 次の（　）に共通して当てはまる体の部分を、漢字一字で書きなさい。

握手

□
・（　　）が立つ。
・（　　）によりをかける。
・（　　）を振るう。
（　　）

4 次の[　]に示した漢字の読みは、音読みと訓読みのどちらですか。音、訓と書いて答えなさい。

漢字1（1）

□① 上[うえ]（　　）　□② 湯[ゆ]（　　）
□③ 重[じゅう]（　　）　□④ 箱[はこ]（　　）
□⑤ 字[じ]（　　）　□⑥ 線[せん]（　　）

5 次の各組から上の字も下の字も訓読みで作られている熟語を選び、記号で答えなさい。

情報の信頼性

□① ア 情報　イ 友達　ウ 奥付　エ 匿名（　　）

漢字1（1）

□② ア 着陸　イ 朝食　ウ 着物　エ 連続（　　）
□③ ア 特別　イ 探検　ウ 常用　エ 朝日（　　）
□④ ア 長袖　イ 素顔　ウ 朝晩　エ 夕刊（　　）
□⑤ ア 手本　イ 枕元　ウ 参加　エ 枠内（　　）
□⑥ ア 外堀　イ 漢字　ウ 複数　エ 文脈（　　）
□⑦ ア 混合　イ 初夢　ウ 茶色　エ 家賃（　　）

確認ドリル 1

① 深まる学びへ

解答 106ページ

学習日 ／ ／

1 次の片仮名を漢字で書きなさい。

握手

□① ドロまみれになって遊ぶ。
□② 領土をブンカツする。
□③ 書類にセイメイを記入する。
□④ カイコンして畑を作る。
□⑤ 遭難者をソウサクする。
□⑥ 家族にユイゴンを書く。
□⑦ ニワトリ小屋を作る。
□⑧ ソウシキに参列する。
□⑨ スジョウがはっきりした品。
□⑩ センタク物が多い。
□⑪ ジョウチョウな文を直す。
□⑫ カンシの目を光らせる。
□⑬ ヘイオンな日常を望む。
□⑭ コウテイが治める国。
□⑮ ゴウマンな態度をとる。
□⑯ めったにないシロモノだ。
□⑰ 迷子の男の子をサガす。
□⑱ ツマサキ立ちで歩く。
□⑲ ヨウケイ場で働く。
□⑳ 祖父のイッシュウキの法要。
□㉑ 虫に刺されて腕がハれる。
□㉒ 姉がカトクを継ぐ。
□㉓ オダやかな表情。
□㉔ ツメが伸びた。
□㉕ 手術でシュヨウを切除する。

情報の信頼性

□㉖ トクメイで雑誌に投稿する。

漢字1 (1)

□㉗ ケモノミチを歩く。
□㉘ 母のシラガが増える。
□㉙ 旅先でカマメシを食べる。
□㉚ 計画のワクグみが決まる。
□㉛ 金にトンチャクしない性格。
□㉜ サミダレが降り続く。
□㉝ ベツムネを増築する。
□㉞ ソトボリを埋める。
□㉟ キョウコクの絶景を眺める。
□㊱ 試供品をハンプする。
□㊲ フブキで電車が止まった。
□㊳ ナガソデのシャツを買う。
□㊴ 内科のビョウトウに行く。
□㊵ ペットをジュウイに診せる。
□㊶ マクラモトに時計を置く。
□㊷ 車がワキミチに入る。

①	②
③	④
⑤	⑥
⑦	⑧
⑨	⑩
⑪	⑫
⑬	⑭
⑮	⑯
⑰	⑱
⑲	⑳
㉑	㉒
㉓	㉔
㉕	
㉖	
㉗	㉘
㉙	㉚
㉛	㉜
㉝	㉞
㉟	㊱
㊲	㊳
㊴	㊵
㊶	㊷

2 次の（　）に当てはまる語句を後から選び、書き入れなさい。

握手

□① （　　　）歩いたのでバスに乗り遅れた。

□② デパートができて駅前が（　　　）なる。

□③ 乗るべき電車を（　　　）間違えた。

□④ （　　　）少ししかない菓子を皆で分けた。

□⑤ 本が棚に（　　　）並べられている。

□⑥ 人の波が（　　　）押し寄せた。

□⑦ 大好物でも三日続くと（　　　）あきる。

□⑧ 開店準備で父が（　　　）動き回っている。

□⑨ 猫が昼寝をしている場所が（　　　）暖かい。

ちゃんと　さすがに　ほんの
いっとう　どっと　のんびり
にぎやかに　せわしく　うっかり

3 次の意味の語句を後から選び、漢字で書きなさい。

握手

□① 宿や食事の面倒を見てもらうこと。（　　　）

□② 上手で、巧みなこと。（　　　）

□③ 都市の周辺で、田畑などの多いところ。（　　　）

□④ 荒れ地を切り開き、田畑にすること。（　　　）

□⑤ 価値を認めず、問題にしないこと。（　　　）

かいこん　たっしゃ　やっかい　こうがい　むし

4 次の熟語の組み合わせを後から選び、記号で答えなさい。

学びて時に之（これ）を習ふ

□① 言行（　　）　□② 言葉（　　）

情報の信頼性

□③ 気軽（　　）　□④ 花火（　　）

漢字1（1）

□⑤ 弱点（　　）　□⑥ 荷物（　　）

□⑦ 合図（　　）　□⑧ 両脇（　　）

ア 音＋音　**イ** 訓＋訓　**ウ** 重箱読み　**エ** 湯桶（ゆとう）読み

基本ドリル 2

① 深まる学びへ

解答 106ページ

学習日 ／ ／

1 次の漢字の読み方を書きなさい。

漢字1（2）

□① 干潟の開拓が進む。
□② 藍色に染めた布を縫う。
□③ 美しい正絹（しょうけん）の反物。
□④ 海の浅瀬で子供と遊ぶ。
□⑤ きれいな錦絵を展示する。
□⑥ 「錦秋の候」と書き出す。
□⑦ 純粋な子供たち。
□⑧ 江戸っ子の粋な姿。
□⑨ 黒くつぶらな瞳。
□⑩ 瞳孔（こう）が小さくなる。
□⑪ 皇帝に謁見する。
□⑫ 繭玉を華やかに飾る。
□⑬ 新しい錠前に取り替える。
□⑭ 患者が多い病院。
□⑮ 盤（ばん）上に碁石を並べる。
□⑯ 作品の甲乙を争う。
□⑰ 「乙女の祈り」を弾く。
□⑱ 雪崩に注意する。
□⑲ 冶金の歴史を調べる。
□⑳ 刀鍛冶の技を磨く。
□㉑ 実験で硫酸を扱う。
□㉒ 火口で硫黄のにおいが漂う。

①　②　③　④　⑤　⑥　⑦　⑧　⑨　⑩　⑪　⑫　⑬　⑭　⑮　⑯　⑰　⑱　⑲　⑳　㉑　㉒

漢字に親しもう1

□㉓ 仕事の報酬を受け取る。
□㉔ 要求を却下する。
□㉕ 派閥の勢力を拡大する。
□㉖ 賠償金の額を相談する。
□㉗ 市町村の管轄する業務。
□㉘ 地価が高騰する。
□㉙ 深山幽谷に生息する。
□㉚ 原作を換骨奪胎した映画。
□㉛ 情状酌量の余地はない。
□㉜ 最近なんの沙汰もない。
□㉝ 漏電の場所を直す。
□㉞ 木の間から光が漏れる。
□㉟ 側溝に蓋をする。
□㊱ 小刀で溝を掘る。
□㊲ 洪水の備えは万全だ。
□㊳ 刀を研ぐ。
□㊴ 景観を損ねる建物。
□㊵ 己の成長を実感する。
□㊶ 公の場で発表する。
□㊷ 東の空が明け初める。

2 次の――線の語句の意味を後から選び、記号で答えなさい。

漢字1 (2)

□① 希望者に無料で頒布する。（　）
□② 友人から喪中はがきが届く。（　）
□③ 甲乙つけがたいできばえだ。（　）
□④ 女王陛下に謁見する。（　）
□⑤ 兄は時間の使い方が上手だ。（　）
□⑥ 場面が変わり、俳優が上手から登場する。（　）
□⑦ 姉のほうが一枚も二枚も上手だ。（　）

ア 巧みで手際がよい。うまい。
イ 能力などが優れている。
ウ 客席から見て舞台の右側。
エ 近親者が死んだ後、身を慎んでいる期間。
オ 不特定多数に広く配ること。
カ 身分の高い人や目上の人に会うこと。
キ 一番目と二番目。優劣。

3 次の各組のア～ウの熟語のうち、熟字訓として読めるものを一つ選び、記号で答えなさい。

漢字1 (2)

□① ア 崩壊　イ 雪崩　ウ 崩落（　）
□② ア 田舎　イ 宿舎　ウ 官舎（　）
□③ ア 陶冶　イ 冶金　ウ 鍛冶（　）
□④ ア 大豆　イ 豆腐　ウ 小豆（　）
□⑤ ア 風邪　イ 風車　ウ 突風（　）

4 次の□に縦・横ともに一つの熟語となるよう、漢字を入れなさい。

漢字1 (2)

□①
大↓
破 → □② ← 崩 ← □① ← 積
↑吹

□②
全↓
破 → □ ← 崩
↓滅

□③
峡↓
川 ← □ → 間
↓底

□④
頭↓
手 ← □ ← 川
↓着

5 次の□に当てはまる漢字を後から選び、〈　〉の意味の四字熟語を作りなさい。

漢字に親しもう1

□① □□満帆〈物事が順調に進むこと。〉
□② □□北馬〈絶えず各地を旅行すること。〉
□③ □□奪胎〈他人の作品の焼き直し。〉

骨　船　順　南　換　風

確認ドリル２

❶深まる学びへ

解答 107ページ

学習日 ／ ／

1 次の片仮名を漢字で書きなさい。

漢字1（2）

①コウオツつけがたい作品。
②ヒガタを埋め立てる。
③オトメの悩みを聞く。
④故郷にニシキを飾る。
⑤先生のイキな計らい。
⑥強烈なイオウのにおい。
⑦王にハイエツする。
⑧祖母とイゴを打つ。
⑨キンシュウの山に登る。
⑩アイゾめのシャツを着る。
⑪キュウカンが搬送される。
⑫大切な箇所をバッスイする。
⑬ジョウザイを飲む。
⑭セトモノの茶わんが割れる。
⑮ナダレで通行止めになる。
⑯リュウサンを希釈する。
⑰タンモノでゆかたを作る。
⑱ヒトミを輝かせる子供。
⑲代々カジ屋を営む。
⑳蚕のマユから糸をとる。
㉑暗闇でドウ孔（こう）が広がる。
㉒ヤキンの技術を受け継ぐ。

漢字に親しもう1

㉓城にユウヘイされる。
㉔二人のミゾが深まる。
㉕オオヤケの施設で講演する。
㉖正気のサタとは思えない。
㉗換骨ダッタイした作品。
㉘ロウデンの原因を調べる。
㉙コウズイ警報が発令される。
㉚提案がキャッカされる。
㉛肉類の価格がコウトウする。
㉜ハバツの中心人物。
㉝友人の機嫌をソコねる。
㉞文部科学省のカンカツ。
㉟ホウシュウを支払う。
㊱猫が爪をトぐ。
㊲情状シャクリョウの余地。
㊳穴から水がモれる。
㊴オノレに勝つ。
㊵ソッコウに落ち葉がたまる。
㊶バイショウキンを受け取る。
㊷正月の書きゾめ大会。

2 次のア～カのうち、――線の熟語が重箱読みのものを全て選び、( )に記号で答えなさい。

漢字1 (2)

□ ア 毎朝ジョギングをする。
イ 布地の表裏を見分ける。
ウ 転ばないように注意する。
エ 碁石を拾う。
オ 節穴からのぞく。
カ 鉄製の茶釜。

(　　　)

3 次のア～カのうち、――線の熟語が湯桶(ゆとう)読みのものを全て選び、( )に記号で答えなさい。

漢字1 (2)

□ ア 強気な発言。
イ 喪中はがきを出す。
ウ 甲乙つけがたい。
エ 指図をする人。
オ 潮風が吹き抜ける。
カ 敵の背後に立つ。

(　　　)

4 次の熟語の特別な読み方(熟字訓)を書きなさい。

漢字1 (2)

□① 今年 (　　　)
□② 相撲 (　　　)
□③ 仮名 (　　　)
□④ 木綿 (　　　)
□⑤ 吹雪 (　　　)

5 次の熟語について、二通りの読み方を書きなさい。

漢字1 (2)

□① 明日…………(　　　)(　　　)
□② 白髪…………(　　　)(　　　)
□③ 年月…………(　　　)(　　　)
□④ 梅雨…………(　　　)(　　　)
□⑤ 生物…………(　　　)(　　　)

6 次の□に当てはまる漢字を下から選び、書き入れなさい。

漢字に親しもう1

□① 卒業以来、何の□汰もない。【沙・砂】
□② 世界一深い海□を探査する。【講・溝】
□③ 夜が白々と明け□める。【初・染】
□④ 事故の□償責任を負う。【倍・賠】
□⑤ 管□外の仕事を引き受ける。【轄・割】

視野を広げて／情報社会を生きる

教科書 42▼68 ページ

学習日 ／ ／

作られた「物語」を超えて

教科書 42▼49 ページ

新出漢字

	漢字	読み方	部首	画数	筆順	用例
P42	凶	キョウ	凵 かんにょう うけばこ	4画	ノ メ 区 凶	**凶**悪な犯罪を防ぐ。**凶作**で価格が上昇する。**凶暴**な犬がほえる。
P42	銃	ジュウ	金 かねへん	14画	金 金' 金亠 金左 金充 銃	一斉に**銃**を構える。的に**銃口**を向ける。山奥に**銃声**が響く。
P43	壮	ソウ	士 さむらい	6画	｜ ｌ 丬 壮 壮 壮	**壮観**な景色に圧倒される。**壮大**な野望を抱く。**勇壮**な祭りが行われる。
P45	惨	サン (ザン) (みじめ)	忄 りっしんべん	11画	忄 忄ム 忄厶 忄乡 忄佟 惨	**悲惨**な過去を語る。**惨虐**(ざんぎゃく)な事件が起こる。**惨**(みじ)めな生活から脱却する。
P45	欧	オウ	欠 あくび かける けんづくり	8画	一 ヌ 区 区' 欧 欧	**欧州**を旅行する。**欧米**の文化を取り入れる。**西欧**生まれの画家。
P45	鎖	サ くさり	金 かねへん	18画	金 金' 金" 鎖 鎖 鎖	海外の工場を**閉鎖**する。負の**連鎖**を断ち切る。番犬を**鎖**につなぐ。

	漢字	読み方	部首	画数	筆順	用例
P45	誇	コ ほこる	言 ごんべん	13画	言 言 言' 訁 誇 誇	手柄を**誇張**して話す。**誇大**広告に気をつける。自分の仕事に**誇り**をもつ。
P46	紛	フン まぎれる まぎらす まぎらわす まぎらわしい	糸 いとへん	10画	幺 糸 糸' 糸八 紛 紛	**紛争**を解決する。群衆に**紛れ**、姿を隠す。読書で退屈を**紛らす**。ゲームで気を**紛らわす**。読み方が**紛らわしい**漢字。
P46	巡	ジュン めぐる	巛 かわ	6画	く 巛 巛 巛 巡 巡	バスが地域を**巡回**する。四国へ**巡礼**の旅に向かう。家の周りに壁を**巡らす**。

新出音訓

（□は新しく習う読み方）

	漢字	読み方	用例
P47	交	コウ まじ**わる**・まじ**える**・まじ**る**・ま**ざる**・ま**ぜる**・[か**う**]・[か**わす**]	人々が通りを行き**交う**。友人と約束を**交わす**。

書き誤りに注意

[紛]

▼同じ「フン」という音をもつ「粉」と混同しないように、漢字の意味をつかむ。

・紛…物事がもつれる。入り交じってわからなくなる。 [例]紛争・紛失

・粉…物を細かく砕いたもの。粉々にすること。 [例]粉末・粉砕

重要な語句

◆は教科書中にある「注意する語句」

42ページ

1 **誤解** ある事柄について、間違った理解や思い違いをすること。

1 **凶暴** 性質、性格が残忍で、とても暴力的なこと。また、その様子。

2 **ずる賢い** 悪知恵が働くこと。文ピラニアは、凶暴な魚というイメージがある。

8 **好戦的** 争いごとを望む、または避けようとしない様子。

9 **見なす** 判断してそうと決める。文白紙の投票用紙は賛成と見なす。

43ページ

◆3 **権化**（ごんげ） ある特徴や性質が、具体的な姿で現れたように見える人やもの。文彼は歴史上、悪の権化のように言われている。

◆16 **勇壮** 勇ましく、元気な様子。文どちらのチームも勇壮に戦った。

16 **満点** （ここでは）申し分がないこと。文栄養満点な食事を用意する。

44ページ

8 **非難** 相手の悪いところや間違いを取り上げて責めること。

9 **制止** 相手の発言や行動を抑え、やめさせること。

45ページ

1 **悲惨** 悲しく、痛ましい様子。

6 **頑丈** つくりが丈夫で、壊れにくい様子。

13 **対処** 状況などに合わせて、効果的な処置をすること。

◆14 **蓄積** たくさん蓄えること。たまること。文疲労が蓄積する前に、ゆっくり休みなさい。

15 **飛躍的** 物事が急激に進歩、向上する様子。

◆16 **脚色** （ここでは）事実をおもしろくするために、事実でないことを加え、話を作ること。

16 **誇張** 大げさに表現すること。

17 **またたくうちに** あっという間に。

46ページ

◆4 **増幅** 物事の程度や範囲などを大きくすること。文その言葉は、彼の怒りを増幅させた。

5 **紛争** もめごとがこじれて争うこと。「戦争」の意味でも用いられる。

7 **継承** 受け継いでいくこと。

13 **照らし合わせる** 二つ以上のものを見比べて確かめる。文手元の資料を照らし合わせる。

13 **常識** 世の中で広く人がもつとされる、ごく普通の知識や意見、行動のこと。

14 **しいたげる** むごい扱いをして苦しめる。文しいたげられていた動物を保護する。

◆15 **排除** 押しのけて取り除くこと。

15 **思いを巡らす** いろいろな物事に幅広く心を働かせる。文文化の背景に思いを巡らすことが大切である。

47ページ

11 **独りよがり** 自分一人だけでよいと思い込んでいること。文彼の独りよがりの行動が皆に迷惑をかけている。

15 **鍵** （ここでは）物事を進めたり解決したりするための重要な事柄、ポイント。

漢字に親しもう2

教科書 60 ページ

新出漢字

漢字	読み方	部首	画数	筆順	用例
P60 某	ボウ	木（き）	9画	一 十 廿 甘 苷 某	**某所**でひそかに会う。田中**某氏**の尽力を得た。**某月某日**の日記を読む。
P60 泡	ホウ あわ	氵（さんずい）	8画	氵 氵 汋 沟 泃 泡	苦労が**水泡**に帰する。**気泡**が立ち上る。石けんが**泡立つ**。
P60 睦	ボク	目（めへん）	13画	目 盯 盽 眭 睦	グループの**親睦**を図る。敵対していた国と**和睦**する。
P60 僚	リョウ	亻（にんべん）	14画	亻 伏 佽 傄 僚	**閣僚**を任命する。**官僚**の仕事を調べる。**同僚**と親交を深める。
P60 巾	キン	巾（はば）	3画	丨 冂 巾	**巾着**を手に提げて歩く。**雑巾**を手で縫う。**頭巾**で顔を隠す。
P60 臭	シュウ くさい **におう**	自（みずから）	9画	′ 白 自 臭 臭	**防臭剤**をまく。照れ**臭く**てはにかむ。生ごみの**臭い**が気になる。
P60 槽	ソウ	木（きへん）	15画	木 杤 槽 槽 槽	**水槽**で熱帯魚を飼う。**浴槽**に湯をためる。

漢字	読み方	部首	画数	筆順	用例
P60 懇	コン（ねんごろ）	心（こころ）	17画	夕 豸 豸 貇 貇 懇	彼とは**懇意**の間柄だ。趣味の仲間と**懇談**する。恩師を**懇ろ**（ねんご）にもてなす。
P60 徹	テツ	彳（ぎょうにんべん）	15画	彳 彳 徝 循 徹 徹	要求を**貫徹**する。議論を**徹底的**に行う。**徹夜**で試験勉強をする。
P60 倹	ケン	亻（にんべん）	10画	亻 仒 佮 倹 倹	日々**倹約**して過ごす。**勤倹**な生活を営む。**節倹**して家を建てる。
P60 舶	ハク	舟（ふねへん）	11画	冂 舟 舟 舶 舶	**船舶**の入港を制限する。父に**舶来**の万年筆を贈る。
P60 偵	テイ	亻（にんべん）	11画	亻 仆 偵 偵 偵	敵の情勢を**偵察**する。腕のいい**探偵**を雇う（やと）。敵国に**密偵**を送り込む。
P60 僧	ソウ	亻（にんべん）	13画	亻 伫 伶 僧 僧	**僧院**の見学を申し込む。**高僧**の話を聴く。**禅僧**（ぜん）が修行（しゅぎょう）する。
P60 侶	リョ	亻（にんべん）	9画	亻 伊 侣 侶 侶	**僧侶**が寺を案内する。よき**伴侶**と巡りあう。
P60 倣	ホウ（なら**う**）	亻（にんべん）	10画	亻 仿 仿 仿 倣	子供が親を**模倣**する。号令に従い前へ**倣う**（なら）。

新出音訓（□は新しく習う読み方）

漢字	読み方	用例
P60 発	ハツ・［ホツ］	事件の**発**端を探る。
P60 宗	シュウ・［ソウ］	茶の湯の**宗**家の先生。
P60 命	メイ・［ミョウ］ いのち	日本人の平均寿**命**。
P60 兄	［ケイ］・キョウ あに	実**兄**が授業参観に来る。
P60 石	セキ・シャク・［コク］ いし	領地の**石**高を計測する。

覚えておこう

某
▼「市内某所」や「某月某日」、「某氏」などと使われる。特定の場所や時刻、または人を、詳細や名前を表さずに指すときに用いる。人の場合は一字で「なにがし」と読むこともある。

石
▼「石（コク）」は、昔の容量の単位。「石高」という場合、米の収穫高を表す。

使い分けに注意

臭
▼「にお（う）」には「臭う」「匂う」の二通りの書き方がある。一般的に、不快なにおいのときには「臭」、快いにおいのときには「匂」を使うことが多い。
臭…例生ごみが臭う。　匂…例梅の花が匂う。

書き誤りに注意

僚
▼「僚」と「瞭」は形が似ていて、音読みも同じ「リョウ」。「僚」には同じ仕事や役目をもつ仲間という意味があり、「瞭」には明らか、はっきりしているという意味がある。
僚…例僚友　瞭…例明瞭

槽
▼部首の部分が異なる、同じ音読みの「遭」と書き誤らないようにする。「槽」は水などをためる容器、「遭」は思いがけず巡り合うという意味。
槽…例水槽・浴槽　遭…例遭遇（そうぐう）・遭難

懇
▼親しさを表す「懇」と、耕す意味の「墾」は、形が似ていて、音読みも同じ「コン」。書き誤りやすいので注意する。
懇…例懇願　墾…例開墾

徹
▼「徹」と「撤」は形が似ていて、音読みも同じ「テツ」。「徹」には最後まで貫き通すという意味があり、「撤」には取り除く、やめるという意味がある。「徹底」を「撤底」と書くのは誤り。

倹
▼同じ「ケン」という音をもつ「険」「検」と混同しないように、漢字の意味をつかむ。
・倹…つつましい。　例倹約・節倹
・険…けわしい。　例危険・険悪
・検…調べる。　例検査・検定

舶
▼同じ「ハク」という音をもち、形も似ている「伯」と書き誤らないようにする。「舶」は海を渡る大きな船、「伯」は頭に立つ者を意味する。
舶…例舶来・船舶　伯…例伯父・画伯・伯仲

重要な語句

60ページ

上3 某所 ある所。その場所が不明の場合や意図的に隠そうとする場合に用いる。
文 都内某所で取材する。

上5 親睦 親しんで仲良くすること。

上13 貫徹 貫き通すこと。最後までやり抜くこと。
文 要求を貫徹する。

上15 伯仲 技や力が同じくらいで差がないこと。
文 実力が伯仲している。

上15 舶来 外国から船に積んで運んでくること。また、運ばれてきた品。
文 舶来の菓子を味わう。
対 国産

下4 模倣 似せること。他のものをまねすること。
対 創造

下4 俊敏 才能に優れていて、判断や行動がすばやいこと。
文 俊敏な対応で難を逃れる。

下8 発端 物事の始まり。
文 事件の発端を説明する。

下9 宗家 一族の中心となる家柄。特に、芸道などで正統を伝えてきた家。また、その家の当主。
文 華道の宗家で生まれ育つ。

下9 宗派 同じ宗教の中で分かれたグループ。

下11 実兄 同父母から生まれた兄。
対 義兄

下12 石高 収穫した米などの量。また、昔、武士が給料としてもらった米の量。

実用的な文章を読もう

教科書 62▼63 ページ

特別な読み方をする語

63 最寄り【もより】

報道文を比較して読もう

教科書 64▼68 ページ

新出漢字

漢字	読み方	部首	画数	筆順	用例
P64 彰	ショウ	彡 さんづくり	14画	立 音 音 章 章 彰	好成績を**表彰**される。町長の偉業を**顕彰**する。
P65 旬	ジュン シュン	日 ひ	6画	ノ 勹 勺 旬 旬 旬	**旬刊**の雑誌を購読する。十月**上旬**の気候。**旬**の野菜をたくさん食べる。
P65 薦	セン すすめる	艹 くさかんむり	16画	芦 芦 芦 蘑 薦 薦	**自薦他薦**を問わない。委員長に**推薦**する。会長の候補として**薦める**。
P66 拘	コウ	扌 てへん	8画	扌 扌 扚 扚 拘 拘	犯人の身柄を**拘束**する。警察が被疑者を**拘禁**する。被疑者を**拘置**する。

ページ	漢字	読み方	部首	画数	筆順	用例
P66	遇	グウ	辶 しんにょう／しんにゅう	12画	日 吕 禺 禺 禺 遇	よい**待遇**で迎えられる。 常連客を**優遇**する。 幸せな**境遇**に感謝する。
P67	准	ジュン	冫 にすい	10画	冫 冫 冫 冫 冫 准	平和条約を**批准**する。 大学の**准教授**になる。
P67	貢	コウ （ク） （みつ**ぐ**）	貝 かい	10画	一 工 干 丟 貢 貢	隣国の王に**朝貢**する。 **年貢**（ねんぐ）を納める。 王に**貢**（みつ）**ぎ物**を贈る。
P67	献	ケン コン	犬 いぬ	13画	十 卢 南 南 献 献	優勝に**貢献**した選手。 **文献**から史実を調べる。 一週間の**献立**を考える。
P68	懐	カイ （ふところ） （なつ**かしい**） （なつ**かしむ**） （なつ**く**） （なつ**ける**）	忄 りっしんべん	16画	丷 忄 忭 恒 愽 懐	**懐疑的**な見方をする。 お金を**懐**（ふところ）にしまう。 **懐**（なつ）**かしい**友人に会う。 友人と昔を**懐**（なつ）**かしむ**。 野生動物が人に**懐**（なつ）**く**。 馬を**懐**（なつ）**ける**。
P68	併	ヘイ あわ**せる**	亻 にんべん	8画	亻 亻 亻 伫 佯 併	ペンと鉛筆を**併用**する。 英語と日本語を**併記**する。 人間は善と悪を**併せ持つ**。

新出音訓

（□は新しく習う読み方）

ページ	漢字	読み方	用例
P64	岐	キ（新）	**多岐**にわたる知識をもつ。

使い分けに注意

薦

▼「すす（める）」と読む漢字には、「薦」の他、「勧」があるので、それぞれの漢字の意味の違いを捉える。正しく使い分けられるように、熟語もあわせて覚える。

・薦める…自分がいいと思うものを選ぶよう、他の人に紹介する。
例 参考の本を薦める。委員には彼を薦める。
推薦・自薦・他薦

・勧める…相手がそうするように誘う。
例 体を動かすように勧める。お茶を勧める。
勧誘・勧告

併

▼「併せる」と「合わせる」を正しく使い分ける。

・併せる…いっしょにする。並べる。
例 周辺の市町村を併せて一つの市にする。
例 双方の意見を併せて考える。

・合わせる…ぴったり一つにする。一まとめにする。
例 音を合わせる。数を合わせる。

書き誤りに注意

遇

▼同じ「グウ」という音をもつ「偶」「隅」と混同しないように、漢字の意味をつかむ。

・遇…思いがけず出あう・もてなす。例 遭遇・厚遇
・偶…人形・二で割り切れる数・たまたま。
例 土偶・偶数・偶然
・隅…すみ。例 一隅

基本ドリル 1

❷ 視野を広げて／🌐 情報社会を生きる

解答 107ページ

学習日 ／ ／

1 次の漢字の読み方を書きなさい。

作られた「物語」を超えて

□① 凶暴な犯人が捕まる。
□② 的に向かって銃を撃つ。
□③ 選手団の勇壮な行進。
□④ 悲惨な現実を直視する。
□⑤ 欧米の文化を理解する。
□⑥ さびた鎖を取り替える。
□⑦ 負の連鎖を食い止める。
□⑧ 誇張は許されない。
□⑨ 先輩の偉業を誇る。
□⑩ 世界で紛争が絶えない。
□⑪ 紛らわしい字に気をつける。
□⑫ 将来の自分に思いを巡らす。
□⑬ 夜の校舎を巡回する。
□⑭ さまざまな情報が行き交う。

漢字に親しもう2

□⑮ 某所で母と待ち合わせする。
□⑯ せっけんが十分に泡立つ。
□⑰ 気泡発生の原因を探る。
□⑱ 新入生と親睦を深める。
□⑲ 同僚と協力して進める。
□⑳ 洗った雑巾を絞る。
□㉑ 腐った魚の臭いがする。
□㉒ 炭の防臭効果に期待する。
□㉓ 臭い物に蓋をする。
□㉔ 水槽で金魚を育てる。
□㉕ クラブ全体で懇談する。
□㉖ 最初の計画を貫徹する。
□㉗ 倹約してお金を貯める。
□㉘ 舶来の品を展示する。
□㉙ 探偵に調査を依頼する。
□㉚ 僧侶が念仏を唱える。
□㉛ 模倣する価値のある絵。
□㉜ 事の発端は二日前に遡(さかのぼ)る。
□㉝ 宗家の茶会に出席する。
□㉞ 平均寿命が延びる。
□㉟ 実兄を友人に紹介する。
□㊱ 藩(はん)の石高を加増する。

実用的な文章を読もう

□㊲ 最寄りの駅に向かう。

報道文を比較して読もう

□㊳ 学校で表彰式が行われる。
□㊴ 好きな本は多岐にわたる。
□㊵ 七月上旬の暑さがつらい。
□㊶ 旬の野菜を食べる。

①	②
③	④
⑤	⑥
⑦	⑧
⑨	⑩
⑪	⑫
⑬	⑭
⑮	⑯
⑰	⑱
⑲	⑳
㉑	㉒
㉓	㉔
㉕	㉖
㉗	㉘
㉙	㉚
㉛	㉜
㉝	㉞
㉟	㊱
㊲	
㊳	㊴
㊵	㊶

□㊷ 推薦者の人数を数える。
□㊸ 好きな本を妹に薦める。
□㊹ 仕事の拘束時間が長い。
□㊺ 待遇面を改善する。
□㊻ 准教授の講義を受ける。
□㊼ 売り上げに貢献する。
□㊽ 夕飯の献立を決める。
□㊾ 薬の効果に懐疑的だ。
□㊿ 注意事項を併記する。
□(51) 二つのクラスを併せる。

2 次の（　）の熟語のうちで、――線の漢字の読み方が違うものを選び、その熟語の読み方を書きなさい。

漢字に親しもう2

□① （発見　発火　発作　発表）（　　）
□② （寿命　宿命　運命　命題）（　　）
□③ （宗教　宗派　宗家　改宗）（　　）
□④ （石高　岩石　鉱石　玉石）（　　）
□⑤ （混雑　雑学　雑念　雑巾）（　　）

報道文を比較して読もう

□⑥ （献上　献血　献立　文献）（　　）

3 次の意味の語句を後から選び、書きなさい。

作られた「物語」を超えて

□① いさましく、元気な様子。（　　）
□② 事実でないことを加え、話を作ること。（　　）
□③ 押しのけて取りのぞくこと。（　　）
□④ たくさんたくわえること。（　　）
□⑤ 相手の発言や行動を抑え、やめさせること。（　　）
□⑥ 物事の程度や範囲などを大きくすること。（　　）

蓄積　脚色　制止
排除　増幅　勇壮

4 次の□に当てはまる漢字を後から選び、四字熟語を作りなさい。

作られた「物語」を超えて

□① □力満点　□② □対意識

敵　適　迫　泊

確認ドリル 1

② 視野を広げて／情報社会を生きる

解答 107ページ

学習日 ／ ／

1 次の片仮名を漢字で書きなさい。

作られた「物語」を超えて

- □ ① 警官がジュウを構える。
- □ ② 多くの人々が行きカう町。
- □ ③ オウベイ諸国を旅する。
- □ ④ ソウダイな自然の風景。
- □ ⑤ ジャンプ力をコジする。
- □ ⑥ キョウボウな猫を慣らす。
- □ ⑦ 田畑に水路をメグらす。
- □ ⑧ 両国のフンソウを平定する。
- □ ⑨ 職業にホコりをもつ。
- □ ⑩ 不安な気持ちをマギらわす。
- □ ⑪ 日本各地をジュンカイする。
- □ ⑫ 船をクサリでつなぐ。
- □ ⑬ 授業でヒサンな歴史を学ぶ。
- □ ⑭ 工場がヘイサされる。

漢字に親しもう2

- □ ⑮ 努力が水のアワとなる。
- □ ⑯ 褒（ほ）められると照れクサい。
- □ ⑰ 初志をカンテツする。
- □ ⑱ 社長が部下とコンダンする。
- □ ⑲ ハクライ品を展示する。
- □ ⑳ メダカがスイソウで泳ぐ。
- □ ㉑ 質素ケンヤクの精神。
- □ ㉒ ボウショで会う約束をする。
- □ ㉓ 生ごみのボウシュウ対策。
- □ ㉔ カクリョウの仕事を調べる。
- □ ㉕ 会員同士のシンボクを図る。
- □ ㉖ 努力がスイホウに帰する。
- □ ㉗ コクダカが増える。
- □ ㉘ ジュミョウが延びる。
- □ ㉙ 相手の様子をテイサツする。
- □ ㉚ コウソウが念仏を唱える。
- □ ㉛ 人生のハンリョを得る。
- □ ㉜ 閉め切った部屋がニオう。
- □ ㉝ 彼が我が家のチョウケイだ。
- □ ㉞ 茶の湯のソウケの跡継ぎ。
- □ ㉟ 人の作品をモホウする。
- □ ㊱ 事件のホッタンを説明する。
- □ ㊲ 防災ズキンをかぶる。

実用的な文章を読もう

- □ ㊳ モヨりの店で買う。

報道文を比較して読もう

- □ ㊴ 多彩な能力をアワせ持つ。

□㊵ 彼の手段にはカイギテキだ。
□㊶ 大学のジュンキョウジュ。
□㊷ 四月のジョウジュン。
□㊸ タイグウが良くなる。
□㊹ 興味はタキにわたる。
□㊺ ヒョウショウ状を手渡す。
□㊻ サンマのシュンの時期。
□㊼ 薬のヘイヨウで治す。
□㊽ 役員候補に彼をススめる。
□㊾ 勝利にコウケンする。
□㊿ 犯人をコウソクした。
□(51) スイセン図書を読む。
□(52) 給食のコンダテを考える。

㊵	㊶
㊷	㊸
㊹	㊺
㊻	㊼
㊽	㊾
㊿	(51)
(52)	

2 次の文から間違っている漢字を探し、正しい漢字を書きなさい。

漢字に親しもう2

□① 環境破壊に関する論文を撤夜で書き上げた。（　　）
□② 探貞が難しい事件を見事に解決する。（　　）
□③ 想定外の出費に備えて険約する。（　　）
□④ 洗った浴遭に熱いお湯を張る。（　　）
□⑤ 同瞭と秘密厳守で仕事を進める。（　　）

3 次の意味の語句を後から選び、漢字で書きなさい。

作られた「物語」を超えて

□① 大げさに表現すること。（　　）
□② 物事が急激に進歩、向上する様子。（　　）
□③ つくりがじょうぶで、壊れにくい様子。（　　）
□④ 受けついでいくこと。（　　）
□⑤ かなしく、痛ましい様子。（　　）

ひさん　こちょう　ひやくてき　けいしょう　がんじょう

4 次の各組の（　）に共通して当てはまる漢字を、□に書きなさい。

報道文を比較して読もう

□① ・クラブ活動に新入生を（　）誘する。
・健康のために運動を（　）める。　□

□② ・候補者は、自（　）他（　）を問わない。
・会長にふさわしい人物を（　）める。　□

□③ ・ツアー参加希望者を（　）る。
・清掃ボランティアを（　）集する。　□

□④ ・二つの村が合（　）する。
・二つのクラスを（　）せて授業する。　□

言葉とともに／読書生活を豊かに

教科書 70▼92ページ

学習日 ／ ／

俳句の可能性

教科書 70▼73ページ

新出漢字

漢字	読み方	部首	画数	筆順	用例
P71 膝	ひざ	月 にくづき	15画	月 月木 胅 脒 膝 膝	両手を**膝**に置く。**膝**頭をそろえる。**膝**小僧を擦りむく。

新出音訓（□は新しく習う読み方）

漢字	読み方	用例
P72 軽	ケイ かるい・[かろやか]	軽やかにステップを踏む。

形に注意

膝 ▼部首は「月」（にくづき）。右上の部分の形は「大」ではなく「木」＋「へ」。右下も「氺」で、「水」ではない。しっかり形を覚える。

重要な語句

◆は教科書中にある「注意する語句」

70ページ

6 解釈　文や物事の内容や意味することを理解すること。

7 鑑賞　芸術作品を味わい楽しむこと。

8 くつろぐ　心配事や考え事を忘れてのんびりする。

◆10 かきたてる　（ここでは）刺激を与えて感情を高めたり行動を促したりする。
文私の好奇心をかきたてる話。

11 季語　俳句で、ある季節の感じを表すために定められた季節を表す言葉。

71ページ

2 繰る　（ここでは）順にめくる。
文辞書を繰って意味を調べる。

◆10 断念　思い切ること。諦めること。
文この天候では、残念だが登頂は断念しよう。

◆15 感性　その人固有の、ものを感じ取る能力。
文感性豊かな人の表現には驚かされる。

72ページ

5 軽やか　動作や心などが、いかにも軽そうな様子。
文軽やかにステップを踏みながら踊る。

8 放浪　あてもなくさまよい歩くこと。
文諸国放浪の旅に出る。

◆9 ひたすら　それればかり行う様子。いちずに。
文ただひたすら歩き続ける。

73ページ

1 おのずと　自然と。
文よく考えれば、おのずと答えは出てくる。

3 鮮やか　色や形がはっきりしていて美しい様子。

3映し出す　（ここでは）見聞きしたことや考えたことを、文章に書き表す。
文作者自身の経験が文章に映し出されている。

俳句を味わう

教科書 74▼75ページ

重要な語句

74ページ

3萬緑（万緑）　草木が見渡す限り緑であること。
3吾子　（ここでは）自分の子。
5くろがね　黒い金属。鉄。
7まとふ（まとう）　身につける。
文寒いので、大判のスカーフを身にまとう。
7おの　己（おのれ）。自分自身。
7……のみ　……だけ。……ばかり。
文予約した人のみ入場できる。

言葉1　和語・漢語・外来語

教科書 78▼79ページ

新出漢字

漢字	読み方	部首	画数	筆順	用例
P78 侍	ジ さむらい	亻 にんべん	8画	亻仁什仕侍侍	長年仕えてくれた**侍**従。**侍**医を務める。若い**侍**が出世する。
P78 宵	（ショウ） よい	宀 うかんむり	10画	宀宀宀宀宵宵	春の夜を春**宵**（しゅんしょう）という。八時はまだ**宵**の口だ。**宵**の空に星が光る。
P78 滝	たき	氵 さんずい	13画	氵汸泞涪滝	**滝**つぼに水が落ちる。**滝**のような汗をかく。有名な**滝**を見にいく。
P78 桑	（ソウ） くわ	木 き	10画	フヌ叒叒桒桑	**桑**園（そうえん）の収穫を手伝う。一面の**桑**畑。**桑**の実を食べる。
P78 訟	ショウ	言 ごんべん	11画	言言訁訟訟訟	集団で訴**訟**を起こす。
P78 債	サイ	亻 にんべん	13画	亻仕佳倩債債	**債**権を放棄する。**債**券を買う。負**債**を抱える。
P78 俸	ホウ	亻 にんべん	10画	亻仨佚俸俸俸	野球選手の年**俸**。会社から**俸**給が支払われる。減**俸**処分になる。
P78 綻	タン ほころびる	糸 いとへん	14画	糸紵紵綻綻綻	財政が破**綻**する。セーターが**綻**びる。花が一輪**綻**びる。
P78 蔽〈蔽〉	ヘイ	艹 くさかんむり	15画	艹艹艹蔽蔽蔽	事実を隠**蔽**する。光を遮**蔽**する。
P78 捗〈捗〉	チョク	扌 てへん	11画	扌扌扌扌捗捗	工事の進**捗**を確認する。

P79

卸

おろす
おろし

卩 ふしづくり わりふ　9画

𠂉 午 午 𨤾 釘 卸

品物を小売店へ**卸す**。
卸売りの業者。
菓子を**卸値**で買う。

書き誤りに注意

侍

▼右側が同じ形の「待」や「持」と書き誤りやすい。特に、熟語で混同しないように注意する。「侍従」「侍者」など、貴人のそばに仕える人を指す語に使われる。

俸

▼「俸」は人の受ける給料、または手当(てあて)の意味だが、形の似ている「棒」と書き誤りやすい。読み方も「ボウ」ではなく「ホウ」。「年俸」や「減俸」は「ポウ」と読むことに注意しよう。

形に注意

宵

▼「宵」の四画目は「⺌」の真ん中の縦棒「丨」であることを覚えておく。「肖」の「⺌」部分の形は「ツ」ではない。また、下の「月」を「目」や「日」と書き誤らないように注意する。

卸

▼左の部分の形は「𨤾」で、「缶」ではない。部首も「阝」(おおざと)ではなく「卩」(ふしづくり・わりふ)。しっかり形を覚える。

送り仮名に注意

綻

▼訓読みは「ほころ(びる)」。「綻る」、「綻ろびる」と書かないようにする。

重要な語句

78ページ

下7 宵 夜。日が暮れて間もない頃。
関宵の明星　日が沈んで間もなく西の空に見える金星。

下13 語感 言葉のもつ微妙な感じ。また、言葉に対する感覚。
文彼女の話し方は、おっとりとした語感が心地よい。

下16 訴訟 裁判所に訴え出ること。裁判を申し立てること。
文店を相手に訴訟を起こす。

下16 債権 お金や品物を貸した人が借りた人に対して返還を要求することができる、法律上の権利。

下16 年俸 一年単位で支払われる給料。

下16 破綻 元通りにすることが不可能なほど、物事がうまくいかなくなること。
文話の論理が破綻している。

下16 隠蔽 事の真相などを覆い隠すこと。隠して見せないこと。
文証拠を隠蔽する。

下16 進捗 物事がはかどること。

79ページ

上11 シンプル 単純・簡素・質素な様子。

上12 ポジティブ 積極的、肯定的である様子。
対ネガティブ

上12 バリアフリー お年寄りや体の不自由な人たちの生活の妨げとなるものを取り除くこと。

上12 バイオテクノロジー 生物のもつ仕組みを応用した研究や技術。

「私の一冊」を探しにいこう

教科書 82▼83 ページ

新出漢字

漢字	読み方	部首	画数	筆順	用例
P83 曇	ドン くもる	日 ひ	16画	日 旦 昇 昙 曇 曇	**曇**天に気分が沈む。 **曇り**の日が続く。 窓ガラスが湯気で**曇る**。
P83 嵐	あらし	山 やま	12画	山 岚 岚 嵐 嵐 嵐	**嵐**の前の静けさ。 砂**嵐**で視界が悪くなる。 春の**嵐**で桜の花が散る。

新出音訓

（□は新しく習う読み方）

漢字	読み方	用例
P82 鋼	コウ [はがね]	鉄を精錬して**鋼**にする。

羊と鋼の森

教科書 84▼87 ページ

新出漢字

漢字	読み方	部首	画数	筆順	用例
P84 嗅〈嗅〉	キュウ かぐ	口 くちへん	12画	口 叩 咱 嗅 嗅 嗅	**嗅**覚を刺激する強い匂い。 花の香りを**嗅ぐ**。 変化を敏感に**嗅ぎ**取る。
P84 盤	バン	皿 さら	15画	舟 舡 般 般 盤 盤	ピアノの鍵**盤**をたたく。 雨で地**盤**が緩む。 試合の中**盤**で交代する。
P86 渦	（カ） うず	氵 さんずい	12画	氵 汩 泗 渦 渦 渦	事件の**渦**中（かちゅう）にある人物。 水流が激しく**渦**を巻く。 観覧船で**渦**潮を見に行く。

書き誤りに注意

渦

▼「渦」は「うずまく」の意だが、「わざわい」などの意をもつ「禍」と書き誤りやすいので注意する。

重要な語句

84ページ

- 上5 **薄闇**　物の形などがなんとかわかるくらいの暗さ。
- 下6 **気が進まない**　すすんでしたいとは思わない。
- 下9 **言い足す**　言葉が足りないところを付け加えて言う。
  - 文 説明し忘れたところを言い足す。

85ページ

- 下11 **言いつける**　（ここでは）命令する。
  - 文 急ぎの用事を言いつける。
- 下12 **言（こと）づかる**　人から伝言や品物を届けるよう頼まれる。
  - 文 先生への伝言を言づかる。

86ページ

- 上1 **会（え）釈（しゃく）**　（ここでは）軽く挨拶や礼を交わすこと。
- 上2 **踵（きびす）を返す**　後戻りする。もと来た道を引き返す。
- 下12 **渦を巻く**　（ここでは）感情や思考などが激しく入り乱れる。

基本ドリル 1

3 言葉とともに／読書生活を豊かに

解答 107ページ

学習日 ／ ／

1 次の漢字の読み方を書きなさい。

俳句の可能性

□① 転んで膝をすりむく。
□② 足取りも軽やかに出発する。

言葉1

□③ 若い侍が主人公の物話。
□④ 侍医に任じられる。
□⑤ 美しい春の宵。
□⑥ 深い滝つぼが現れる。
□⑦ 桑畑で作業を手伝う。
□⑧ 訴訟が決着する。
□⑨ 債権を回収する。
□⑩ 昨年度よりも年俸が上がる。
□⑪ 計画が破綻する。
□⑫ 白い梅が綻びる。
□⑬ 不都合な事実を隠蔽する。
□⑭ 計画が予定どおり進捗する。
□⑮ 卸売り業を営む。
□⑯ 商品を小売店へ卸す。

「私の一冊」を探しにいこう

□⑰ 鋼の意志をもつ。
□⑱ 緊張のあまり表情が曇る。
□⑲ 曇天の日が続く。
□⑳ 午後から激しい嵐になる。

羊と鋼の森

□㉑ ラベンダーの香りを嗅ぐ。
□㉒ 犬は嗅覚が鋭い。
□㉓ 鍵盤をたたいて音を出す。
□㉔ 争いの渦に巻き込まれる。

2 次の（　）に当てはまる語句を下から選び、書き入れなさい。

俳句の可能性

□① 音楽を（　　）する。【観賞・鑑賞】
□② 時間の（　　）がある。【制約・誓約】
□③ 美しい花を写真に（　　）。【撮る・採る】

羊と鋼の森

□④ 踵（きびす）を（　　）。【返す・帰す】

3 次の――線に当てはまる漢字を後から選び、書きなさい。

俳句の可能性

□① 本のページをクる。（操・繰・燥）
□② スキー場のセキ雪情報が気になる。（積・績・債）

4 次の意味の語句を後から選び、書き入れなさい。

俳句の可能性

□① 思い切ること。諦めること。（　　）

□② あてもなくさまよい歩くこと。（　　）

言葉1

□③ その人固有の、ものをかんじ取る能力。（　　）

□④ 裁判を申し立てること。（　　）

□⑤ 物事がはかどること。（　　）

□⑥ 事の真相などを覆いかくすこと。（　　）

感性　断念　放浪
進捗　訴訟　隠蔽

5 次の語句を使って短文を作りなさい。

俳句の可能性

□ かきたてる（　　）

6 次の（　）に当てはまる語句を後から選び、書き入れなさい。

俳句の可能性

□① 現代社会を巧みに（　　）芸術作品。

□② 旅行から帰って、家でのんびり（　　）。

俳句を味わう

□③ 芝居で、昔風の衣装を（　　）ことになった。

羊と鋼の森

□④ 彼と口論したときのことが、頭の中で（　　）。

□⑤ することがなく、暇を（　　）。

□⑥ 話しそびれたことをはっきりと（　　）。

□⑦ 先生から先輩への連絡を（　　）。

□⑧ 勉強するのは（　　）が、試験前なので頑張る。

映し出す　渦を巻く　言（こと）づかる　くつろぐ
気が進まない　持て余す　言い足す　まとう

確認ドリル 1

③ 言葉とともに／読書生活を豊かに

解答 107ページ

学習日 ／ ／

1 次の片仮名を漢字で書きなさい。

俳句の可能性

□① 自転車をカロやかにこぐ。
□② ヒザを交えて話す。

言葉1

□③ 問屋へ品物をオロす。
□④ 時代劇のサムライ。
□⑤ ゲンポウ処分をまぬかれる。
□⑥ クワの実を摘む。
□⑦ 縫い目がホコロびる。
□⑧ 幕で光をシャヘイする。
□⑨ 国王のジイを務める。
□⑩ まだヨイの口で人が多い。
□⑪ タキの水が勢いよく落ちる。
□⑫ 食品のオロシ売り問屋。
□⑬ 工事のシンチョク状況。
□⑭ 市の財政がハタンする。
□⑮ 民事ソショウを起こす。
□⑯ 政府がコクサイを発行する。

「私の一冊」をさがしにいこう

□⑰ クモリのち晴れの天気。
□⑱ アラシが過ぎ去るのを待つ。
□⑲ ドンテンの空を眺める。
□⑳ ハガネのような精神力。

羊と鋼の森

□㉑ ジバンの強度を調査する。
□㉒ キュウカクを刺激する。
□㉓ 薬品の臭いをカぐ。
□㉔ 鳴門(なると)のウズシオ。

2 次の外来語を言い換えたものを後から選び、記号で答えなさい。

言葉1

□① ポジティブ （　）
□② シンプル （　）
□③ セキュリティ （　）
□④ バリアフリー （　）
□⑤ バイオテクノロジー （　）

読書を楽しむ

□⑥ テーマ （　）
□⑦ ジャンル （　）

ア 積極的、肯定的である様子。
イ お年寄りや体の不自由な人たちの生活の妨げとなるものを取り除くこと。
ウ 生物のもつ仕組みを応用した研究や技術。
エ 主題。題目。中心的課題。
オ 安全・防犯のための設備。
カ 単純・簡素・質素な様子。
キ 分野。領域。

3 次の語句を使って短文を作りなさい。

俳句の可能性

□① ひたすら
（　　　　）

□② おのずと
（　　　　）

4 次の各文の□に当てはまる漢字を下から選び、書き入れなさい。

俳句の可能性

□① 身の回りのことに□心をもつ。　【感・歓・関】

□② 歳時□を使いこなす。　【紀・記・季】

□③ □数の証言者が現れた。　【複・福・復】

□④ 五・七・五の定□詩。　【刑・型・形】

□⑤ 俳句の特□の一つが切れ字である。　【長・徴・微】

□⑥ 好きな俳句を□介する。　【昭・招・紹】

言葉1

□⑦ 漢語を和語に言い□える。　【変・代・換】

□⑧ 日本で作られた和□英語。　【制・生・製】

5 次の――線の語句の送り仮名が正しい場合は○、間違っている場合は正しく書き直しなさい。

俳句の可能性

□① 俳句を用ちいて感情を表現する。　（　　　）

□② 難かしい文章を読む。　（　　　）

□③ 学校の場所を尋ねる。　（　　　）

言葉1

□④ 正しい意味を捉らえる。　（　　　）

羊と鋼の森

□⑤ 発言には責任が伴なう。　（　　　）

□⑥ 朝から外が騒わがしい。　（　　　）

□⑦ 川の流れが遮ぎられる。　（　　　）

6 次の□に当てはまる語句を下から選び、書き入れなさい。

俳句の可能性

□ □関係　【不・無・非】

4 状況の中で

教科書 94▼122 ページ

学習日 ／ ／

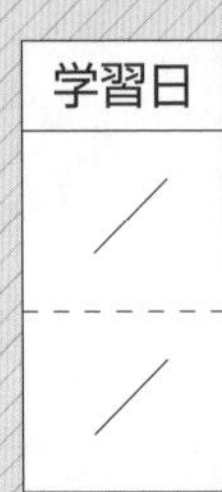

挨拶——原爆の写真によせて

教科書 94▼97 ページ

重要な語句

◆は教科書中にある「注意する語句」

95ページ

◆5 **すがすがしい**　清らかで気持ちのいい様子。
文 すがすがしい朝の空気を吸う。

◆7 **りつぜん**　恐ろしさにぞっとする様子。

◆9 **きわどい**　あと一歩のところで、非常に危ない。

96ページ

1 **耳を澄ます**　よく聞こうとして、耳に神経を集中する。

◆3 **見きわめる**　（ここでは）物事の本質を追究して明らかにする。
文 事件の真相を見きわめる。

4 **えり分ける**　多くの中から選び分ける。分類する。

◆12 **油断**　気を許して、注意を怠ること。

故郷

教科書 98▼113 ページ

新出漢字

漢字	読み方	部首	画数	筆順	用例
P99 閑	カン	門 もんがまえ	12画	丨 冂 門 門 閑 閑	**閑静**な住宅街に住む。ひっそり**閑**とした店内。**安閑**とした生活を送る。
P100 紺	コン	糸 いとへん	11画	幺 糸 糸 紺 紺 紺	**紺色**の背広を着る。冬の海の色は**濃紺**だ。**紺碧**（ぺき）の空が広がる。
P100 雇	コ / やとう	隹 ふるとり	12画	戸 戸 戸 雇 雇 雇	突然の**解雇**に驚く。**雇用保険**に加入する。条件に合う**雇い人**を増やす。
P101 艶	（エン） / つや	色 いろ	19画	曲 豊 豊 豊 艶 艶	**妖艶**（ようえん）な女性の絵。話に**色艶**を加える。石を磨いて**艶**を出す。
P101 〈溺〉溺	デキ / おぼ**れる**	氵 さんずい	13画	氵 氵 沥 沥 溺 溺	父母に**溺愛**される。海で**溺れ**そうになる。欲に**溺れ**て自滅する。
P102 畜	チク	田 た	10画	亠 玄 玄 畜 畜 畜	**家畜**の世話をする。**畜舎**の掃除をする。**畜産業**の盛んな地域。
P103 塀	ヘイ	土 つちへん	12画	土 圹 圹 坍 坍 塀	家の周りを**板塀**で囲む。**土塀**の補強を頼まれる。ブロックで**塀**を作る。
P104 塗	ト / ぬ**る**	土 つち	13画	氵 氵 汵 涂 涂 塗	壁の**塗装**が剝げる。**塗料**を混ぜる。下絵に絵の具を**塗る**。
P105 乏	ボウ / とぼ**しい**	丿 はらいぼう の	4画	丿 亠 乏 乏	鉄分が**欠乏**する。**貧乏**でも幸せな生活。旅行の資金が**乏しい**。

ページ	漢字	読み	部首	画数	筆順	用例
P105	駄	ダ	馬 うまへん	14画	馬 馬 馱 駄	**駄菓子**を買う。この作品は**駄作**だ。手伝いの**駄賃**をもらう。
P106	旦	タン ダン	日 ひ	5画	丨 冂 日 日 旦	**元旦**に年賀状が届く。店主を**旦那**(な)と呼ぶ。
P106	那	ナ	阝 おおざと	7画	𠃌 ヨ ヨ 尹 那 那	**旦那様**のお供をする。彼は大店(おおだな)の**若旦那**だ。
P110	慕	ボ したう	㣺 したごころ	14画	艹 莫 莫 慕 慕 慕	**慕情**を心に秘める。過去の偉人を**敬慕**する。子が母親を**慕う**。
P110	麻	マ あさ	麻 あさ	11画	广 庁 庁 床 府 麻	**麻酔**をかけて手術をする。寒さで指先が**麻痺**(ひ)する。**麻糸**で袋を編む。
P111	崇	スウ	山 やま	11画	山 出 岂 崇 崇 崇	**崇高**な理想をもつ。名作の著者を**崇拝**する。名人を**崇敬**する。

新出音訓

（□は新しく習う読み方）

ページ	漢字	読み方	用例
P101	結	ケツ むすぶ・[ゆう]・[ゆわえる]	娘の髪を**結う**。ひもできつく**結わえる**。
P105	財	ザイ・[サイ]	新しい**財布**を買う。

特別な読み方をする語

110 名残【なごり】

書き誤りに注意

閑

▼同じ「門（もんがまえ）」の漢字に注意する。特に「閉」と書き誤りやすい。

・閑…しずかなという意味。例閑静・閑散

・閉…とじるという意味。例閉館・閉幕

旦

▼「旦」は、「朝。夜明け」という意味。「か（つ）」と読む「且」（教科書286ページ）と書き誤らないように注意する。

使い分けに注意

畜

▼同じ「チク」という音をもち、形も似ている「畜」「蓄」は、使い分けに注意する。

・畜…飼う、飼われる動物という意味。例家畜・牧畜

・蓄…たくわえる、ためるという意味。例蓄積・貯蓄

慕

▼同じ「ボ」という音をもち、形も似ている「慕」「募」「暮」「墓」は、使い分けに注意する。

・慕…例敬慕・思慕　・募…例募集・募金

・暮…例薄暮・歳暮　・墓…例墓地・墓石

形に注意

塗

▼「氵」と「土」の位置に注意する。部首は「氵（さんずい）」ではなく「土（つち）」。「塗」と書かないように注意する。

重要な語句

◆は教科書中にある「注意する語句」

98ページ

◆4 **わびしい**　物静かで寂しい様子。
5 **寂寥**（せきりょう）　心が満たされず、もの寂しいこと。
◆5 **込み上げる**　ある感情が高まり、抑え切れなくなる。文別れの寂しさに涙が込み上げる。

99ページ

◆11 **心境**　心の状態。気持ち。
5 **なびく**　風や水の勢いに従って揺れる。
◆9 **やるせない**　気持ちの晴らしようがなくつらい。文正直者がばかをみるのは、どうにもやるせない。
14 **かさばる**　物が大きすぎて場所を取る。
15 **処分**　余分なものや不要なものを捨てること。
19 **しきりに**　しばしば。たびたび。

100ページ

1 **脳裏**　心の中。頭の中。
1 **紺碧**（こんぺき）　黒っぽい青色。
◆14 **かたわら**　すぐ近く。そば。（ここでは）…する一方で～する。文学校に通うかたわら、芸能活動をする。

101ページ

5 **人見知り**　子供が知らない人を見て恥ずかしがること。
9 **はしゃぐ**　ふざけて騒ぐ。

102ページ

6 **穴熊**　たぬきに似た、イタチ科の哺乳類。
12 **獰猛**（どうもう）　乱暴で荒々しい性質。

103ページ

5 **神秘**　人間の知恵では想像できないほど不思議なこと。
◆10 **ことづける**　（ここでは）用事などを言って頼む。

104ページ

17 **口実**　言い逃れの材料。またはその言葉。言い訳。
6 **甲高い**　声の調子が高く鋭い。
8 **あてがう**　（ここでは）ぴったりとくっつける。添え当てる。
12 **口添え**　他の人が話をして、とりなすこと。

105ページ

◆1 **不服**　納得がいかず、気に入らない。類不満・不満足
◆1 **蔑む**　自分より、能力や価値がないとみなすこと。見下す。
◆2 **嘲る**　ばかにして笑ったり、悪く言ったりする。
◆3 **冷笑**　ばかにして笑うこと。見下して笑うこと。
関苦笑　苦笑い。
関微笑　ほほえみ。
関失笑　おかしさのあまり思わず笑ってしまうこと。
5 **どぎまぎ**　不意を突かれて慌てる様子。
16 **行きがけの駄賃**　何かのついでに別のことをすること。

106ページ

7 **節くれだつ**　手や指の関節がふくれて、ごつごつしている様子。
◆9 **思案**　あれこれと考えをめぐらすこと。
12 **数珠**（じゅず）**つなぎ**　数珠のように、多くのものや思いがつながること。
◆16 **うやうやしい**　敬う気持ちが表れて、丁寧で礼儀正しい様子。
18 **身震い**　寒さや恐ろしさで自然と体が震え動くこと。

107ページ

5 **おどおど**　緊張や不安で落ち着かない様子。
19 **わきまえ**　道理をよく知っていること。分別。

108ページ

◆1 **はにかむ**　恥ずかしがる。

◆11 **物騒**　よくないことが起きたり、起きそうになったりすること。

11 **作柄**　農作物の育ち具合。

15 **すべ**　方法。手段。

◆19 **境遇**　その人が置かれた状況。身の上。

19 **凶作**　農作物の出来がひどく悪いこと。 類不作 対豊作

◆20 **寄ってたかって**　多くの人が寄り集まって。

20 **でくのぼう**　役に立たない人。（ここでは）人の言いなりになっている人。

109ページ

◆6 **とりとめのない**　まとまりのない。つかみどころのない。

110ページ

◆1 **胸をつかれる**　（ここでは）衝撃を受ける。

関胸が締めつけられる　苦しみや悲しみを強く感じ、苦しくなる。

関胸がすく　すっとした晴れやかな気持ちになる。

関胸に迫る　感動する。ある思いで満ちる。

◆10 **名残（なごり）惜しい**　心が引かれて別れがたい。心残りのする。

◆11 **気がめいる**　落ち込む。憂鬱（ゆううつ）な気分になる。

関気がもめる　心配で落ち着かない。

関気が置けない　気を遣わずに打ち解けられる。

関気が気でない　気になって落ち着かない。

◆20 **打ちひしぐ**　やる気を完全になくさせる。元気をなくす。

111ページ

◆1 **野放図**　勝手気ままなこと。だらしなく、締まりのない様子。

6 **所望**　物が欲しいと望むこと。こうしてほしいと望むこと。

13 **まどろむ**　少しの間眠る。うとうとする。

言葉2 慣用句・ことわざ・故事成語

教科書117▼118ページ

新出漢字

漢字	読み方	部首	画数	筆順	用例
猿 (P118)	エン さる	犭 けものへん	13画	ノ 犭 犭 狺 猿 猿	**類人猿**の飼育をする。彼らは**犬猿の仲**のようだ。**猿**が木に登る。
駒 (P118)	こま	馬 うまへん	15画	冂 馬 馬 馬 駒 駒	将棋（しょうぎ）の**駒**の動かし方を習う。全国大会へと**駒**を進めた。野原を**若駒**が駆け回る。
虎 (P118)	コ とら	虍 とらがしら とらかんむり	8画	丶 ト 广 卢 卢 虍 虎	あえて**虎穴**に入る。**猛虎**を描いた掛け軸。**虎の子**の貯金をはたく。
呉 (P118)	ゴ	口 くち	7画	口 口 吕 呈 呉 呉	**呉服屋**に勤める。**呉越同舟**で雰囲気が悪い。

新出音訓

（□は新しく習う読み方）

漢字	読み方	用例
穴 (P118)	[ケツ] あな	危険を承知で**虎穴**に入る。自ら墓**穴**を掘る。

部首に注意

猿　▼部首は「犭（けものへん）」。犬や獣に関係のある部首。「扌（てへん）」と書き誤りやすいので注意する。

重要な語句

117ページ

上1 腕を磨く　現状よりも上達するために勉強したり練習したりする。
文 祖母に教わりながら料理の腕を磨く。

上1 腕を上げる　技術や芸などが上達する。
文 野球の腕を上げる。

上1 腕が鳴る　能力や技術を見せたくて、うずうずする。
文 しっかり勉強したので、試験を前に腕が鳴る。

下18 肩の荷が下りる　責任や負担など、重く感じていたことから解放されて、気持ちが楽になる。
文 仕事の引き継ぎを終えて、肩の荷が下りた。
類 肩が軽くなる

下18 息をのむ　驚きのあまり息を止める。
文 あまりの川の大きさに、思わず息をのんだ。
関 息が合う　行動や気持ちなどがぴったりと合う。
関 息が詰まる　重度の緊張で息苦しくなる。

118ページ

上2 教訓　教え諭すこと。いさめること。また、その内容。

上5 由来　物事の起源。たどってきた道筋。
文 漢字の由来を調べる。

上20 灯台下暗し　身近な物事はかえって気づきにくい。

上20 ひょうたんから駒が出る　意図せず行ったことが意外な結果になる。ふざけて言った言葉が現実のこととなる。

上21 虎穴に入らずんば虎子（こじ）を得ず　危険を冒さずに成果を得ることはできない。

上21 呉越同舟　仲の悪い者同士が、同じ場所にいること。

漢字2 漢字の造語力

教科書 119▼121ページ

新出漢字

漢字	読み方	部首	画数	筆順	用例
P120 遍	ヘン	辶 しんにょう しんにゅう	12画	戸 肙 肩 扁 遍 遍	親から子への愛は**普遍**だ。全国に**遍在**する言い伝え。諸国を**遍歴**する詩人。
P120 契	ケイ（ちぎる）	大 だい	9画	十 丰 㓞 㓞 契	**契約**が成立する。失敗を**契機**に立ち直る。盟友と固く**契（ちぎ）る**。
P120 猶	ユウ	犭 けものへん	12画	犭 犭 犭 猶 猶 猶	**執行猶予**のついた判決。わずかな**猶予**もない。
P120 廃	ハイ すたれる すたる	广 まだれ	12画	户 庐 废 废 廃 廃	**産業廃棄物**を処理する。流行が**廃れる**。地域の伝統文化が**廃る**。
P120 伎	キ	亻 にんべん	6画	ノ 亻 仁 什 伎 伎	**歌舞伎**を見に行く。
P121 憩	ケイ いこい（いこう）	心 こころ	16画	二 舌 甜 甜 憩 憩	少しの間**休憩**する。市民の**憩い**の場となる。公園で**憩う**人々。
P121 耗	モウ（コウ）	耒 すきへん らいすき	10画	三 丰 耒 耒 耔 耗	体力の**消耗**が激しい。タイヤの溝が**磨耗**する。**心神耗弱（こうじゃく）**の状態になる。

ページ	漢字	読み	部首	画数	用例
P121	隷	レイ	隶 れいづくり	16画	大国に**隷属**する。 **隷書**で書き記す。 **奴隷**が解放される。
P121	克	コク	儿 にんにょう ひとあし	7画	**克明**な記録を残す。 苦手なことを**克服**する。 **克己**して学問に励む。
P121	甚	(ジン) はなはだ はなはだしい	甘 かん あまい	9画	**甚大**(じんだい)な被害を受ける。 **甚だ**残念な出来事だ。 非常識も**甚だしい**。
P121	侮	ブ (あなどる)	亻 にんべん	8画	人前で**侮辱**を受ける。 **軽侮**の気持ちが顔に出る。 相手の実力を**侮る**(あなど)。
P121	憤	フン (いきどおる)	忄 りっしんべん	15画	悪政に**憤激**し反旗を翻(ひるがえ)す。 無礼な態度に**憤慨**する。 兄の心無い言葉に**憤る**(いきどお)。
P121	庸	ヨウ	广 まだれ	11画	**凡庸**な毎日を送る。 **中庸**の美徳を重んじる。
P121	逐	チク	辶 しんにょう しんにゅう	10画	違反者を組織から**放逐**する。 会議の内容を**逐一**報告する。 経過を**逐次**発表する。
P121	庶	ショ	广 まだれ	11画	区役所の**庶務課**を訪ねる。 **庶民**の声を政治に生かす。
P121	祥	ショウ	ネ しめすへん	10画	文明の**発祥地**を訪れる。 政治家の**不祥事**をあばく。 ご**清祥**を喜び申しあげる。

ページ	漢字	読み	部首	画数	用例
P121	罷	ヒ	罒 あみがしら あみめ	15画	労働者が**罷業**を決める。 大臣の**罷免**を決定する。
P121	鎮	チン (しずめる) (しずまる)	金 かねへん	18画	警察が暴徒を**鎮圧**する。 痛みを**鎮める**(しず)薬を飲む。 怒りがようやく**鎮まる**(しず)。
P121	漸	ゼン	氵 さんずい	14画	生産量が**漸増**する。 人口が**漸次**減少する。 効率が**漸進的**に改良される。
P121	隆	リュウ	阝 こざとへん	11画	地震で地盤が**隆起**する。 国家の**隆盛**を願う。 民族の**興隆**を促す。
P121	叙	ジョ	又 また	9画	体験を詳しく**叙述**する。 **叙情**あふれる詩文集。 **自叙伝**を書き上げる。
P121	逮	タイ	辶 しんにょう しんにゅう	11画	犯人をついに**逮捕**する。 **逮捕状**が出る。
P121	嬢	ジョウ	女 おんなへん	16画	彼女は社長の**令嬢**だ。 お**嬢**さんも招待する。
P121	枢	スウ	木 きへん	8画	脳は**中枢神経**の一部だ。 政治の**枢要**な地位に就く。 国会は国政の**枢軸**である。
P121	衷	チュウ	衣 ころも	9画	**衷心**から謝罪する。 **和洋折衷**の家に住む。 犬の死の**苦衷**から立ち直る。

P121	粛	シュク	聿 ふでづくり	11画	⺕ 肀 肀 粛 粛	会場に**厳粛**な空気が漂う。 **綱紀粛正**で不正が減る。 派手な応援を**自粛**する。
P121	剛	ゴウ	刂 りっとう	10画	冂 円 円 円 岡 剛	質実**剛健**な気性。 友人は**剛直**な人です。 **金剛石**とはダイヤモンドだ。
P121	謄	トウ	言 げん	17画	月 月 胖 朕 謄 謄	戸籍**謄本**を取り寄せる。
P121	曽	ソウ ゾ	日 ひらび いわく	11画	丷 㓁 曽 曽 曽 曽	**曽祖父**の話を聞く。 彼は創立者の**曽孫**にあたる。 **未曽有**の大事件が起きる。

新出音訓（[ ]は新しく習う読み方）

漢字	読み方	用例
P120 上	ジョウ・（ショウ） うえ・うわ・かみ・ あ**げる**・あ**がる**・の**ぼる**・ [の**ぼせる**]・[の**ぼす**]	議事録に発言を**上せる**。 料理を食卓に**上す**。
P121 静	セイ・[ジョウ] しず・しず**か**・ しず**まる**・しず**める**	**静脈**に注射をする。
P121 机	[キ] つくえ	**机上**の空論は無用だ。
P121 胸	キョウ むね・[むな]	売り上げを**胸算用**する。
P121 蔵	ゾウ [くら]	計画が**お蔵入り**になる。
P121 舌	[ゼツ] した	**筆舌**に尽くしがたい出来事。
P121 耳	[ジ] みみ	世間の**耳目**を集める事件。
P121 目	モク・[ボク] め・（ま）	優勝して**面目**を施す。
P121 値	チ ね・[あたい]	**値千金**のゴールを決める。 商品に**値**を付ける。
P121 助	ジョ たす**ける**・たす**かる**・[すけ]	敵討ちの**助太刀**を頼む。

書き誤りに注意

侮

▼「侮」はばかにする・見下げるという意味。「悔」はくやむという意味であるが、形がよく似ているので書き誤りやすい。「侮」はにんべんなので対人関係に、「悔」はりっしんべんなので気持ちに関連する。

・侮…例侮辱・侮蔑　・悔…例後悔・悔恨

鎮

▼への異なる「慎」と書き誤りやすい。意味を理解して書き分ける。

・鎮…しずめるという意味。例鎮静・鎮痛

・慎…つつしむという意味。例慎重・謹慎

謄

▼音読みが同じ「トウ」で、形が似ている「騰」と書き誤りやすい。漢字の意味と熟語をいっしょに覚える。

・謄…文字を書き写すという意味。例謄本・謄写

・騰…あがるという意味。例沸騰・高騰

使い分けに注意

逐

▼形がよく似た「遂」と混同しやすいので、意味を理解し、使い分ける。

・逐…追い払う、順に従うという意味。例放逐・逐一

・遂…なしとげるという意味。例遂行・完遂

読みに注意

漸

▼「漸(ゼン)」と、「斬(ザン)」は、似た形だが、音読みが異なる。それぞれを読み誤らないよう気をつける。

・漸…例漸次(ぜんじ)・漸増(ぜんぞう)　・斬…例斬新(ざんしん)・斬殺(ざんさつ)

重要な語句

119ページ

下9抽象　多くの事物から共通する点を抜き出し、一つにまとめること。対具体・具象

120ページ

上10自助　他人を頼らず、自分の力で事を行うこと。文自助の精神は、個人の成長の源である。

上11共助　近くの人同士が助け合うこと。文いざというときに備えて共助のあり方を確認する。

121ページ

上2消耗　(ここでは)体力や気力をすりへらすこと。

上3隷属　他の支配を受けて、その言いなりになること。

上4克明　(ここでは)細かいところまで念を入れて手落ちがないこと。

上5憤慨　ひどく腹を立てること。

上6凡庸　平凡でとりえのないこと。

上6一線を画する　はっきりと区別する。

上7放逐　その場所や組織から追い出すこと。文法を守らぬ企業を経済界から放逐する。

上8耳を傾ける　熱心に話を聞く。文先生の話に耳を傾ける。

上9不祥事　信頼を失わせるような出来事。文警察の不祥事が発覚し、社会問題になる。

上9罷免　職務を辞(や)めさせること。

上10鎮圧　武力を使ってしずめること。

上15既知　すでに知っていること。対未知

上16漸増　だんだんに増えること。文市の人口が漸増している。

上17隆起　ある場所が高く盛り上がること。文海底が隆起してできた島を調査する。

上17叙情　心に感じたことを述べ表すこと。対叙事

下3質実　真面目で誠実なこと。

下4綱紀　物事のおおもと。規律。

下5折衷　異なったもののよい点を一つにまとめること。文皆の意見を折衷する形で具体策をたてる。

下5粛正　厳しく取り締まること。不正を正すこと。

下5剛健　強くたくましい様子。

下5謄本　原本の内容を全部写して作った文書。

下7机上の空論　頭の中だけで考えた、実際には役立たない理論や考え。

下7胸算用　心の中で計算したり計画したりすること。文売上高を胸算用する。

下8お蔵入り　企画・計画・発表が中止になること。

下8 **筆舌に尽くしがたい**　言葉や文章で表すことが難しい。表現しがたい。
下9 **耳目を集める**　人々の注目を集める。関心をもたれる。
下9 **未曽有**　非常に珍しいこと。
下10 **面　目**　人に向ける顔。
関面目を施す　名誉を得る。評価を高める。
関面目が立たない　世間へのかっこうがつかない。
下10 **値千金**　非常に高い価値があること。
下11 **津津浦浦（津々浦々）**　全国の至る所。
下11 **助太刀**　困っている人の手助けをすること。また、その人。

漢字に親しもう3

教科書 122 ページ

新出漢字

漢字	読み方	部首	画数	筆順	用例
P122 塞	サイ ソク ふさぐ **ふさがる**	土 つち	13画	宀 宀 宙 寉 実 塞	敵が**要塞**に立てこもる。 城内に**閉塞感**が漂う。 手で耳を**塞ぐ**。 傷口がすぐに**塞がる**。
P122 葛〈葛〉	カツ （くず）	艹 くさかんむり	11画	艹 苩 苩 葛 葛 葛	風邪には**葛根湯**が効く。 理想と現実の間で**葛藤**する。 **葛粉**で餅を作る。
P122 藤	トウ ふじ	艹 くさかんむり	18画	艹 荶 蔣 蕂 藤 藤	親子の**葛藤**を描く映画。 **藤色**の風呂敷で包む。 **藤棚**を見上げて歩く。

漢字	読み方	部首	画数	筆順	用例
P122 辣	ラツ	辛 からい	14画	立 立 辛 辛 辨 辣	**辛辣**な物言いをする。 会社再建に**辣腕**を振るう。 **悪辣**な手段を用いる。
P122 鬱	ウツ	鬯 においざけ	29画	木 林 椘 欝 鬱 鬱	ぶつけた所が**鬱血**する。 心中に不満が**鬱積**する。 **憂鬱**な空模様が続く。
P122 褒	（ホウ） **ほめる**	衣 ころも	15画	亠 疒 亦 袌 褒 褒	合格祝いに**ご褒美**をあげる。 自主的な行動を**褒める**。
P122 恣	シ	心 こころ	10画	冫 次 次 恣 恣 恣	規則を**恣意的**に解釈する。
P122 羞	シュウ	羊 ひつじ	11画	羊 差 差 差 羞 羞	彼は**羞恥心**が欠けている。 **羞恥**で頬が赤く染まる。 **含羞**の表情を見せる。
P122 匠	ショウ	匚 かくしがまえ はこがまえ	6画	一 丆 ア 戸 斤 匠	舞台衣装に**意匠**を凝らす。 **師匠**の言いつけを守る。 **名匠**に仕事を頼む。
P122 賦	フ	貝 かいへん	15画	貝 貯 貶 賦 賦 賦	**月賦**払いで購入する。 **天賦**の才能に恵まれる。 租税を**賦課**する。
P122 扶	フ	扌 てへん	7画	扌 扌 扌 扌 扶 扶	働いて家族を**扶養**する。 災害被害者を**扶助**する。
P122 寡	カ	宀 うかんむり	14画	宀 宀 宀 宜 寡 寡	彼は**寡黙**な人だ。 人数の**多寡**は問わない。 **寡作**で知られる作家。

P122 宜	P122 寮	P122 宰
ギ	リョウ	サイ
宀 うかんむり 8画 宀宀宀宀宜	宀 うかんむり 15画 宀灾灾灾寮寮	宀 うかんむり 10画 宀宀宀宀宀宰
参加者の**便宜**を図る。 **時宜**にかなった催し。 **適宜**にアドバイスをする。	**学生寮**に入居する。 **寮母**の料理はうまい。 **寮生**同士助け合う。	一国の**宰相**になる。 経理の一切を**宰領**する。 **主宰**の指示を待つ。

新出音訓（□は新しく習う読み方）

漢字	読み方	用例
P122 滋	ジ	積極的に**滋養**をとる。
P122 媛	エン	彼女は学園一の**才媛**だ。
P122 縄	ジョウ なわ	**縄文土器**を発掘する。

形に注意

褒

▼下の部分の形は「衣」で、「衣」ではない。しっかり形を覚える。

書き誤りに注意

宜

▼「宣」と書き誤りやすい。部首は、どちらも「宀（うかんむり）」。「宜」は「ほどよく、都合がよい」という意味で、「時宜にかなう」などと使う。

使い分けに注意

宰

▼「しゅさい」と読む二つの熟語は、文の意味を考え、正しく使い分ける。
・主宰…組織や団体などの上に立ってまとめること。
・主催…大会などの催しを中心となって開くこと。

重要な語句

122ページ

上3 **閉塞感** ふさがっているかのように先行きがみえない様子。
上4 **葛藤** いくつかの事柄のうち、どれも選ぶことができず、悩むこと。
上5 **辛辣** 他人に対しての発言や行動が非常に厳しい様子。
上6 **憂鬱** 気持ちがふさいで晴れないこと。
上8 **恣意的** 思いつきで物事を判断したり、自分勝手に振る舞ったりすること。
上11 **羞恥** 恥ずかしいと思うこと。はじらい。
上11 **周知** 広く知れ渡っていること。また、広く知らせること。
上12 **意匠** 絵画・詩文や催し物などで、工夫を凝らすこと。
上13 **天賦** 天から与えられたもの。生まれつきの資質。
上14 **扶養** 生活の面倒をみること。養うこと。
上15 **寡黙** 口数の少ない様子。
下3 **適宜** その時々の状況に応じてふさわしい行動を取る様子。
下4 **主宰** 人々の上に立って全体をまとめること。団体・結社を取り仕切ること。また、その人。
下9 **滋養** からだを作る栄養となること。また、栄養そのもの。
下10 **才媛** 高い教養のある女性。

基本ドリル 1

④ 状況の中で

解答 108ページ

学習日 ／ ／

1 次の漢字の読み方を書きなさい。

故郷

① ひっそり閑とした部屋。
② 紺碧(ぺき)の空を見上げる。
③ 店の雇い人を増やす。
④ 従業員を解雇する。
⑤ 祖母は肌の艶がよい。
⑥ 祖父に溺愛されて育つ。
⑦ 川で溺れそうになった。
⑧ ゴムで髪を結わえる。
⑨ 畜生同然の扱いを受ける。
⑩ 家を低い塀で囲む。
⑪ 壁にペンキを塗る。
⑫ 車を青色に塗装する。
⑬ 自称貧乏人の倹約家。
⑭ 天然資源が乏しい。
⑮ 道端で財布を拾う。
⑯ 子供に駄賃を与える。
⑰ 旦那様に伝言を頼まれる。
⑱ 元旦におせち料理を食べる。
⑲ これで帰るのは名残惜しい。
⑳ 年の離れた姉を慕う。
㉑ 故郷への慕情を抱く。
㉒ 神経が麻痺(ひ)したような感覚。
㉓ 麻糸で布を織る。
㉔ 師を心から崇拝する。

言葉2

㉕ 動物園で猿を見る。
㉖ 類人猿の知能は高い。
㉗ すごろくの駒を動かす。
㉘ 虎穴に入る心境だ。
㉙ 付近で虎がほえる。
㉚ 呉越同舟で事を運ぶ。

①	②
③	④
⑤	⑥
⑦	⑧
⑨	⑩
⑪	⑫
⑬	⑭
⑮	⑯
⑰	⑱
⑲	⑳
㉑	㉒
㉓	㉔
㉕	㉖
㉗	㉘
㉙	㉚

2 次の（　）に当てはまる語句を後から選び、記号で答えなさい。

故郷

① 住み慣れた土地を離れ、（　　）の地へ引っ越す。
② 不要な物はできるだけ（　　）することにする。
③ なつかしい顔が（　　）に浮かぶ。
④ 求人に応募するため、学業や職業の（　　）を記入する。
⑤ 事典や辞書は、知識の（　　）だ。
⑥ 彼は私の失敗を見て、（　　）を浮かべた。
⑦ 外国へ移住した友が、今、どんな（　　）にあるのか心配だ。
⑧ 研究による新しい発見は、彼の（　　）である。

ア 手柄　イ 異例　ウ 経歴　エ 登録　オ 冷笑
カ 処分　キ 異郷　ク 脳裏　ケ 境遇　コ 宝庫

3 次の――線の語句の意味を後から選び、記号で答えなさい。

挨拶

□① これが実話であると聞き、りつぜんとする。（　　）

□② 本当の味方は誰かを見きわめる。（　　）

故郷

□③ 故郷を去って二十年、望郷の思いが込み上げる。（　　）

□④ 友達の転校を聞き、やるせない思いをする。（　　）

□⑤ 彼はしきりに朝のウォーキングを私に勧める。（　　）

□⑥ 着いたら連絡するようにと、ことづける。（　　）

□⑦ 対応に苦慮していると、父が口添えしてくれた。（　　）

□⑧ 突然の質問に答えが見つからず、どぎまぎする。（　　）

□⑨ 恩人にうやうやしい態度で接する。（　　）

□⑩ 母のとりとめのない話を聞いていた。（　　）

ア 物事の本質を追究して明らかにする。
イ 予測できない。見込みが立たない。
ウ 恥ずかしがる。照れる。
エ 他の人が話をして、とりなすこと。
オ 恐ろしさにぞっとする様子。
カ ある感情が高まり、抑え切れなくなる。
キ 敬う気持ちが表れて、丁寧で礼儀正しい様子。
ク 不意を突かれて慌てる様子。
ケ 気持ちの晴らしようがなくつらい。
コ 用事などを言って頼む。
サ しばしば。たびたび。
シ まとまりのない。つかみどころのない。

4 次の（　）に当てはまる漢字を後から選び、書き入れなさい。

言葉2

□① 彼の努力には（　　）が下がる。

□② （　　）を正して先生の話を聞く。

□③ 妹に（　　）を持たせるために、あえて負けた。

□④ すずめの（　　）ほどの礼金をいただいた。

□⑤ 宿題が終わって、やっと（　　）の荷が下りた。

□⑥ 引っ越しで、（　　）の手も借りたいほど忙しい。

□⑦ 足の速さをほめられて、（　　）が高い。

□⑧ 彼は自分のことは（　　）に上げて、人の悪口を言う。

□⑨ （　　）を張って入場行進をする。

□⑩ 選手を強くするために、（　　）を鬼にして叱る。

肩　花　襟　頭　涙
猫　棚　心　鼻　胸

確認ドリル 1　④ 状況の中で

解答 108ページ

学習日 ／ ／

1 次の片仮名を漢字で書きなさい。

故郷

- □① 歯医者でマスイをかける。
- □② おつかいのダチンをもらう。
- □③ カチクに餌をやる。
- □④ オボれている子を助ける。
- □⑤ 弟が兄をシタう。
- □⑥ 地域のダンナ衆が集まる。
- □⑦ カンサンとした商店街。
- □⑧ 高いヘイに囲まれた家。
- □⑨ ビンボウでも楽しく生きる。
- □⑩ ガンタンにお年玉をもらう。
- □⑪ 遊具のトソウがはげる。
- □⑫ ヤトい主に休みをもらう。
- □⑬ アサイトで編んだ服を着る。
- □⑭ 彼は想像力にトボしい。
- □⑮ コンイロのセーター。
- □⑯ 顔のイロツヤがよい。
- □⑰ 職員のカイコに抗議する。
- □⑱ パンにバターをヌる。
- □⑲ 世界でスウハイされる英雄。
- □⑳ 子供をデキアイする。
- □㉑ 母国へのボジョウを感じる。
- □㉒ 友との別れはナゴリ惜しい。
- □㉓ サイフをかばんに入れる。
- □㉔ 髪をユわえて顔を洗う。

言葉2

- □㉕ ルイジンエンの模型。
- □㉖ 自然公園のトラ。
- □㉗ ゴフクヤの主人になる。
- □㉘ 将棋（しょうぎ）のコマと盤を用意する。
- □㉙ サルまねだと非難される。
- □㉚ 危険を承知でコケツに入る。

2 次の各文の（　）に当てはまる漢字を下から選び、書き入れなさい。

故郷

- □① 年内で、店を（　）け渡す。　【空・開・明】
- □② 熊が川でサケを（　）る。　【捕・採・執】
- □③ 運動の後は喉が（　）く。　【乾・渇】
- □④ ズボンのベルトを（　）める。　【絞・締・閉】
- □⑤ さまざまな思いが（　）け巡る。　【架・掛・駆】

3 次の事柄を表すのに適したことわざ・故事成語を後から選び、記号で答えなさい。

言葉2

□① 登山で足を痛めないように、準備運動をしっかりしておくといいよ。（　）

□② 有名な店の料理長が砂糖と塩の分量を間違えるなんて、そんなこともときにはあるんだね。（　）

□③ 富士山のことは小さい頃から知っていたけど、先日登ってみたら、その高さと険しさに驚いたよ。（　）

□④ 目をつぶって横になっているから、てっきり話が聞こえていないと思っていたよ。だまされたね。（　）

□⑤ ひどいけんかをしてしまったけれど、意見を言い合ううちに、前よりも理解し合えて仲良くなれたようだ。（　）

□⑥ 困っている人がいたら、進んで手助けをするようにしている。いつか私が助けてもらうこともあるだろうからね。（　）

ア 情けは人のためならず	イ 猿も木から落ちる	ウ たぬき寝入り	エ 灯台下暗し
オ 転ばぬ先のつえ	カ 雨降って地固まる	キ 呉越同舟	ク 百聞は一見にしかず

4 次の対義語を後から選び、漢字に直して書きなさい。

故郷

□① 凶作↔（　　）　□② 船尾↔（　　）

【せんしゅ　ほうさく　ふさく】

5 次の（　）に当てはまる語句を後から選び、書き入れなさい。

挨拶

□① 試合は、一進一退の（　　）戦いだった。

□② 一日が無事に終わり、（　　）眠りに就く。

故郷

□③ 論文作成に（　　）打ち込む。

□④ 別れの時、彼女は（　　）悲しみに涙がこぼれた。

□⑤ 休みが続き、（　　）生活になっていた。

□⑥ 探偵が（　　）事件に首を突っ込む。

物騒な	ひたすら	安らかな
やるせない	きわどい	野放図な

6 次の各組の――線の漢字のうち、読み方の違うものを選び、記号で答えなさい。

故郷

□① ア 心<u>境</u>　イ <u>境</u>内　ウ 逆<u>境</u>　エ <u>境</u>界　（　）

□② ア 鉄<u>筋</u>　イ <u>筋</u>道　ウ 血<u>筋</u>　エ 鼻<u>筋</u>　（　）

□③ ア 不<u>便</u>　イ 穏<u>便</u>　ウ <u>便</u>所　エ 簡<u>便</u>　（　）

□④ ア 顔<u>面</u>　イ <u>面</u>識　ウ <u>面</u>影　エ 帳<u>面</u>　（　）

□⑤ ア 所<u>望</u>　イ 展<u>望</u>　ウ 待<u>望</u>　エ 有<u>望</u>　（　）

基本ドリル 2

❹ 状況の中で

解答 108ページ

学習日 ／ ／

1 次の漢字の読み方を書きなさい。

漢字2（1）

□① 人類普遍の真理だ。
□② 通信販売の契約を結ぶ。
□③ 五分間の猶予をもらう。
□④ 大量の産業廃棄物。
□⑤ 流行語が廃れる。
□⑥ 学級会の議題に上せる。
□⑦ 歌舞伎の歴史を解説する。
□⑧ 休憩の時間に水分を取る。
□⑨ 子供達の憩いの広場。
□⑩ 暑さで体力を消耗する。
□⑪ 他国に隷属する。
□⑫ 事件を克明に記録する。
□⑬ 誤解が甚だしい。
□⑭ 侮辱されて悲しい。
□⑮ 勝手な振る舞いに憤慨する。
□⑯ 凡庸な人々が集まる。
□⑰ 組織から放逐される。
□⑱ 庶民的な食べ物が好きだ。
□⑲ 不祥事が明るみに出る。
□⑳ 市長に罷免要求が出される。
□㉑ 戦乱を鎮圧する。
□㉒ 薬液を静脈に注射する。
□㉓ 利益が漸増している。
□㉔ 海底火山が隆起する。
□㉕ 叙情的な詩を詠む。
□㉖ 泥棒を現行犯で逮捕する。
□㉗ 深窓の令嬢として育つ。
□㉘ 中枢神経の働きを調べる。
□㉙ 和洋折衷の部屋に泊まる。
□㉚ 政界の綱紀粛正を図る。
□㉛ 彼は質実剛健な人だ。
□㉜ 役所で戸籍謄本を取る。

①	②
③	④
⑤	⑥
⑦	⑧
⑨	⑩
⑪	⑫
⑬	⑭
⑮	⑯
⑰	⑱
⑲	⑳
㉑	㉒
㉓	㉔
㉕	㉖
㉗	㉘
㉙	㉚
㉛	㉜

2 次の上下の熟語がそれぞれ対義語の関係になるように、（　）に共通して当てはまる漢字を後から選び、書きなさい。

漢字2（1）

□① 既（　）　↕　未（　）　（　　）
□② （　）情　↕　（　）事　（　　）
□③ （　）息　↕　（　）嬢　（　　）
□④ 抽（　）　↕　具（　）　（　　）

象　令　祥　定　叙　事

3 次の意味の語句を後から選び、書きなさい。

漢字2（1）

□① 近くの人同士がたすけ合うこと。

□② だんだんにふえること。

□③ ある場所が高く盛り上がること。

□④ その場所や組織から追い出すこと。

□⑤ 体力や気力をすりへらすこと。

□⑥ 原本の内容を全部写して作った文書。

□⑦ 他人を頼らず、自分の力で事を行うこと。

□⑧ 職務を辞めさせること。

□⑨ 信頼を失わせるような出来事。

□⑩ 細かいところまで念を入れて手落ちがないこと。

克明　自助　罷免　隆起　不祥事
漸増　放逐　共助　消耗　謄本

4 次の語句を使って短文を作りなさい。

漢字2（1）

□① 一線を画する

□② 耳を傾ける

5 次の――線に当てはまる語句を後から選び、書きなさい。

漢字2（1）

□① 収入がゼンゲンする。
（漸減・斬減）

□② 校庭をカイホウする。
（解放・開放・改放）

□③ 「特殊」の対義語は「フヘン」だ。
（普遍・普変・普偏）

□④ 不注意による事故にフンガイした。
（噴慨・憤慨・墳慨）

□⑤ 市役所で戸籍トウホンを取得する。
（騰本・謄本）

□⑥ カブキの起源を探る。
（歌舞伎・歌舞枝・歌舞技）

□⑦ ジュンカン型社会を目指す。
（巡環・盾環・循環）

□⑧ 有名な映画をカンショウする。
（鑑賞・観賞・感賞）

確認ドリル 2

④ 状況の中で

解答 108ページ

学習日 ／ ／

1 次の片仮名を漢字で書きなさい。　漢字2（1）

① 一人で各地をヘンレキする。
② 就職をケイキに自立する。
③ ジジョデンを出版する。
④ 苦手な科目をコクフクする。
⑤ 国政のスウジクとなる機関。
⑥ 消しゴムはショウモウ品だ。
⑦ 暴動をチンアツする。
⑧ 乱暴な言葉にフンガイする。
⑨ ブジョク的な言葉に怒る。
⑩ ゴウチョクな人柄の男。
⑪ ごみを処分場にハイキする。
⑫ チュウヨウの精神を養う。
⑬ ショム係に配属される。
⑭ 非常識もハナハだしい。
⑮ 旬の食材を食卓にノボせる。
⑯ 他国にレイゾクしない。
⑰ 専門家の名がスタる。
⑱ 社長レイジョウと結婚する。
⑲ 戸籍トウホンに目を通す。
⑳ キュウケイをまめにとる。
㉑ 状況をチクイチ報告する。
㉒ ささやかなイコいの時間。
㉓ 前代未聞（ぜんだいみもん）のフショウジ。
㉔ 大臣をヒメンする。
㉕ 逃げる犯人をタイホした。
㉖ 体力がゼンジ回復する。
㉗ 皮下を走るジョウミャク。
㉘ ユウヨなく決定する。
㉙ 海底のリュウキでできた島。
㉚ セッチュウ案を提示する。
㉛ 発言をジシュクする。
㉜ カブキの公演を見に行く。

2 次の――線の語句の送り仮名が正しい場合は○、間違っている場合は正しく書き直しなさい。　漢字2（1）

① 価格を適度に抑さえる。
② 製品の賞味期限を確める。
③ 彼に比べ、タイムは甚はだしく劣る。
④ 伝統的な習慣が廃たれるのを防ぐ。
⑤ 議題を会議に上す。

3 次の上下の熟語がそれぞれ類義語の関係になるように、（　）に共通して当てはまるものを後から選び、漢字で書きなさい。

漢字2（1）

□①高（　）＝老（　）　（　　）

□②隷（　）＝従（　）　（　　）

□③侮（　）＝恥（　）　（　　）

□④（　）庸＝平（　）　（　　）

□⑤（　）量＝（　）測　（　　）

れい　ぼん　めん　すい　ぞく　じょく

4 次の省略して示した語句が元の語句になるように、□に当てはまる漢字を書きなさい。

漢字2（1）

□①国連　→　国□□合

□②最高裁　→　最高裁□□

□③衆院選　→　衆□院議員総選□

□④模試　→　模□□験

5 次の□に当てはまる漢字を下から選び、書き入れなさい。

漢字2（1）

□①運動には、適度な休□が大切である。【契・憩】

□②□棄物処理場を見学する。【廃・排】

□③江戸時代の□民の生活を探る。【緒・庶】

□④人気のシリーズ本が□次刊行される。【逐・遂】

□⑤軽□の目で見られるのはおもしろくない。【悔・侮】

□⑥病院で□痛剤を処方された。【慎・鎮】

6 次の□に合う言葉を下から選び、四字熟語を作りなさい。

漢字2（1）

□①□□剛健　□②気分□□

□③□□折衷　□④津津□□

□⑤□□神経　□⑥執行□□

□⑦□□知新　□⑧□□粛正

□⑨□□努力　□⑩学級□□

浦浦　転換　和洋　質実　綱紀　閉鎖　猶予　温故　中枢　自助

基本ドリル 3

④ 状況の中で

解答 108ページ

学習日 ／ ／

1 次の漢字の読み方を書きなさい。

漢字2（2）

□① 机上の論理と現実は異なる。
□② 胸算用が大幅に狂う。
□③ お蔵入りになった脚本。
□④ 筆舌に尽くしがたい苦労。
□⑤ 耳目を集めるニュース。
□⑥ 未曽有の出来事が起こる。
□⑦ 曽祖父の墓参りに行く。
□⑧ おおいに面目を施す。
□⑨ 値千金の一発を打つ。
□⑩ 強力な助太刀が現れる。

漢字に親しもう3

□⑪ 教室の閉塞感を解消する。
□⑫ 石造りの要塞が残る町。
□⑬ トンネルが土砂で塞がる。
□⑭ 若者の葛藤を描いた小説。
□⑮ 藤色の花が咲く。
□⑯ 辛辣な言葉を浴びせる。
□⑰ 憂鬱な気分が晴れない。
□⑱ 父親に褒められる。
□⑲ 恣意的に委員を選ぶ。
□⑳ 羞恥で顔が真っ赤になる。
□㉑ 意匠を凝らした作品。
□㉒ 天賦の才能を生かす。
□㉓ 扶養する家族が増える。
□㉔ 彼は寡黙な働き者だ。
□㉕ 適宜解散してください。
□㉖ 兄は学生寮に住んでいる。
□㉗ 劇団を主宰する。
□㉘ 滋養のある食べ物。
□㉙ 彼女は開校以来の才媛だ。
□㉚ 畑から縄文土器が見つかる。

①	②
③	④
⑤	⑥
⑦	⑧
⑨	⑩
⑪	⑫
⑬	⑭
⑮	⑯
⑰	⑱
⑲	⑳
㉑	㉒
㉓	㉔
㉕	㉖
㉗	㉘
㉙	㉚

2 次の□に入れて都道府県名になるように漢字を後から選び、漢字で書きなさい。

漢字に親しもう3

□① □木県
□② □玉県
□③ 福□県
□④ □賀県
□⑤ 沖□県
□⑥ 愛□県

縄　滋　媛　井　栃　埼

3 次の――線の語句の意味を後から選び、記号で答えなさい。

漢字2（2）

□①今の驚きは、筆舌に尽くしがたい。（　　）

□②このニュースは、世界中の耳目を集めた。（　　）

□③あの計画は、机上の空論で終わりそうだ。（　　）

□④生徒会の仕事の助太刀を頼まれる。（　　）

□⑤入賞して、大いに面目を施した。（　　）

ア　頭の中だけで考えた、実際には役立たない理論や考え。
イ　名誉を得る。評価を高める。
ウ　言葉や文章で表すことが難しい。表現しがたい。
エ　困っている人の手だすけをすること。また、その人。
オ　人々の注目を集める。関心をもたれる。

4 次の漢字に共通の部首を付けると、別の漢字が完成します。共通する部首を後から選び、書きなさい。

漢字に親しもう3

□①【由　且　叔　辛　谷】

□②【放　貞　呂　曽　白】

□③【戻　兄　少　共　則】

イ　氵　宀　犭　阝　艹

5 次の語句を使って短文を作りなさい。

漢字2（2）

□①未曽有（　　）

漢字に親しもう3

□②辛辣（　　）

6 次の――線に当てはまる語句を後から選び、書きなさい。

漢字2（2）

□①日本全国、津津ウラウラを旅する。（浦浦・裏裏・浦裏）（　　）

漢字に親しもう3

□②学生リョウの朝食は、安くておいしい。（僚・療・寮）（　　）

□③テンジョウ裏に野良猫が住み着いている。（天上・天場・天井）（　　）

□④ジョウモン土器を展示する。（状文・縄紋・縄文）（　　）

□⑤フ養義務のある親族。（不・扶・譜）（　　）

□⑥理解度に合わせてテキギ指導する。（適宜・滴宜・適宣）（　　）

確認ドリル 3

④ 状況の中で

解答 109ページ

学習日 ／ ／

1 次の片仮名を漢字で書きなさい。

漢字2（2）

□① 計画がおクライりする。
□② メンボクが丸潰れだ。
□③ ヒッゼツに尽くしがたい。
□④ ミゾウの大事件になる。
□⑤ キジョウの空論を語る。
□⑥ 試合のスケダチに入る。
□⑦ ソウソボにかわいがられる。
□⑧ 利益をムナザンヨウする。
□⑨ アタイセンキンの笑顔。
□⑩ 世界中のジモクを集める。

漢字に親しもう3

□⑪ 学内随一のサイエン。
□⑫ 通いのリョウボを募集する。
□⑬ 利用者のベンギを図る。
□⑭ カモクで慎重な友人。
□⑮ 家の出入り口をフサぐ。
□⑯ シュウチ心が表情に現れる。
□⑰ 会長のシイで決定される。
□⑱ ジョウモン土器の発見。
□⑲ サイショウが国を統治する。
□⑳ ユウウツな月曜日。
□㉑ テンプの才を発揮する。
□㉒ 美しいフジの花を眺める。
□㉓ ラツワン記者が取材する。
□㉔ フヨウ家族を申請する。
□㉕ ヘイソクした日常が続く。
□㉖ 自然のヨウサイに守られる。
□㉗ 尊敬するシショウに習う。
□㉘ 彼の勇気ある行動をホめる。
□㉙ 焼き肉でジョウを取る。
□㉚ 苦悩とカットウの日々。

①	②
③	④
⑤	⑥
⑦	⑧
⑨	⑩
⑪	⑫
⑬	⑭
⑮	⑯
⑰	⑱
⑲	⑳
㉑	㉒
㉓	㉔
㉕	㉖
㉗	㉘
㉙	㉚

2 次の□に当てはまる漢字を下から選び、書き入れなさい。

漢字2（2）

□① 恣意□ 【的・化】
□② 閉塞□ 【然・感】

3 次の都道府県名を漢字で書きなさい（「県」は省略します）。

漢字に親しもう3

□① えひめ（　　）
□② くまもと（　　）
□③ しが（　　）
□④ おきなわ（　　）

4 次の――線の片仮名を漢字で書きなさい。

漢字2 (2)

□① (1) 人気の馬にキジョウする。
(2) キジョウに教科書を置く。

漢字に親しもう3

□② (1) 彼はテンプの才をもつ。
(2) 論文に資料をテンプする。

□③ (1) イショウに凝った箱。
(2) 発表会のイショウに悩む。

□④ (1) 劇団のシュサイを務める。
(2) 学校がシュサイする大会。

□⑤ (1) それはシュウチの事実だ。
(2) 己の発言にシュウチを覚える。

①(1) (2) ②(1) (2) ③(1) (2) ④(1) (2) ⑤(1) (2)

5 次の各組の□に共通して当てはまる漢字を書きなさい。

漢字に親しもう3

□① (1) □の花は今が盛りだ。
(2) 理想と現実の間で葛□する。

□② (1) 試験のことを考えると□鬱になる。
(2) 彼の行く末を□える。

□③ (1) 静□な公園を散歩する。
(2) 友人が転校してしまうのが、とても□しい。

6 次の意味の語句を後から選び、漢字で書きなさい。

漢字2 (2)

□① 心の中で計算したり計画したりすること。（　　）

□② 非常に珍しいこと。（　　）

□③ 非常に高い価値があること。（　　）

漢字に親しもう3

□④ その時々の状況に応じてふさわしい行動を取る様子。（　　）

□⑤ 高い教養のある女性。（　　）

□⑥ からだを作るえいようとなること。また、えいようそのもの。（　　）

□⑦ 口数の少ない様子。（　　）

□⑧ 生活の面倒をみること。やしなうこと。（　　）

□⑨ 他人に対しての発言や行動が非常に厳しい様子。（　　）

じよう　さいえん　みぞう　しんらつ　てきぎ
かもく　ふよう　あたいせんきん　むなざんよう

5 自らの考えを

教科書 124▼142 ページ

学習日 ／ ／

人工知能との未来

教科書 124▼125 ページ

新出漢字

漢字	読み方	部首	画数	筆順	用例
P124 棋	キ	木 きへん	12画	木 朩 朾 杆 椇 棋	祖父と将棋を指す。 プロの棋士を目指す。

覚えておこう

棋 ▼同じ意味を表す語に「碁」がある。「碁」が囲碁だけを表すのに対し、「棋」は囲碁も将棋も表す。

重要な語句

124ページ

上5 **言説** ある物事を説明するための言葉。意見。

下5 **受容** 受け入れること。

下6 **意思決定** 目標を達成するための方法を考え、最適なものを選ぶこと。

関意思 何かをしようと心の中で思うこと。考え。

関意志 何かをやり遂げようとする、はっきりとした考え。

125ページ

上3 **最適解** 今の状況で一番良いと考えられる解答。

上14 **浸透** （ここでは）考え方や習慣などがだんだん広がっていくこと。

上17 **拭い去る** （ここでは）すっかり消し去る。取り除く。

文私の不安はすっかり拭い去られた。

上18 **仮想敵** 物事を考えるときに、仮に敵と設定する相手。

上19 **危惧** 心配し、おそれること。

下2 **視座** 物事を見たり、それについて考えたりするときの立場。

文彼の案は、冷静に現実を分析する視座をもっている。

下14 **顕著** はっきりとしていて、とても目立つ様子。

人間と人工知能と創造性

教科書 126▼129 ページ

重要な語句

126ページ

下2 **賜物**（たまもの） （ここでは）結果として与えられたよいもの。成果。

文入賞は努力の賜物である。

127ページ

上4 **発想** （ここでは）新しい考えや思いつきを得ること。

上10 **頻度** 同じことが繰り返される度合い。

下14 **依然** 前と変わらない様子。

文依然として景気は回復しない。

下18 こなす （ここでは）物事をうまく処理する。
文 膨大な仕事量を難なく**こなす**。

漢字に親しもう4

教科書 134 ページ

新出漢字

漢字	読み方	部首	画数	筆順	用例
P134 褐	カツ	ネ ころもへん	13画	ネ ネ 衵 褐 褐 褐	**褐色**に日焼けした肌。茶**褐色**の美しい髪。
P134 畔	ハン	田 たへん	10画	口 田 田 田' 畔 畔	湖**畔**の宿に泊まる。河**畔**を犬と散歩する。
P134 炎	エン ほのお	火 ひ	8画	''　丷 火 火' 炎 炎	火事で文化財が**炎上**する。胃**炎**の薬を飲む。聖火の**炎**が静かに消える。
P134 脊	セキ	月 にくづき	10画	ノ 人 夂 夬 脊 脊	**脊髄**に注射をする。**脊柱**は身体の中軸だ。
P134 椎	ツイ	木 きへん	12画	木 杉 杵 杵 椎 椎	哺乳類は**脊椎動物**の一種だ。**椎間板**ヘルニアに悩む。脊柱を構成する**椎骨**。
P134 亜	ア	二 に	7画	一 丅 亓 亓 亜 亜	**亜熱帯**の地域を旅する。**白亜**の宮殿に住む。**亜鉛**を鉄板にめっきする。

漢字	読み方	部首	画数	筆順	用例
P134 勾	コウ	勹 つつみがまえ	4画	ノ 勹 勾 勾	**勾配**の急な坂を上る。被告人を**勾留**する。
P134 旋	セン	方 かたへん ほうへん	11画	方 方 方 方 方 旋	飛行機が上空で**旋回**する。業界に**旋風**を巻き起こす。美しい**旋律**をかなでる。
P134 麓	ロク ふもと	鹿 しか	19画	林 林 林 林 麓	**山麓**の温泉に滞在する。山の**麓**に広がる自然公園。
P134 杯	ハイ さかずき	木 きへん	8画	十 木 木 杯 杯 杯	県大会で**苦杯**をなめる。勝利の**祝杯**をあげる。**杯**をくみ交わす。
P134 詠	エイ （**よ**む）	言 ごんべん	12画	言 言 訁 詠 詠 詠	詩歌（しいか）を**朗詠**する。大勢の前で**詠唱**する。祖父は俳句を**詠**（よ）**む**。
P134 愁	シュウ （うれ**える**） （うれ**い**）	心 こころ	13画	二 禾 禾 秋 愁 愁	**郷愁**をそそる歌を聴く。自分の将来を**愁**（うれ）**える**。**愁**（うれ）**い**を帯びた視線を向ける。
P134 悼	トウ （いた**む**）	忄 りっしんべん	11画	忄 忄 忄 恒 悼	**追悼**式典に参加する。戦没者に**哀悼**の意を表する。恩師の死を**悼**（いた）**む**。
P134 惰	ダ	忄 りっしんべん	12画	忄 忄 忄 惰 惰	**怠惰**な生活を送る。**惰性**に流されて生きる。**惰眠**を貪（むさぼ）る。
P134 慄	リツ	忄 りっしんべん	13画	丷 忄 忄 忄 慄 慄	最悪の状態に**慄然**とした。その事件は世間を**戦慄**させた。

新出音訓（□は新しく習う読み方）

漢字	読み方	用例
P134 守	シュ・ス まもる・**もり**	**子守り**を任される。
P134 声	セイ・（ショウ） こえ・**こわ**	役に合わせて**声色**を変える。
P134 室	シツ **むろ**	岩室の奥へと進む。
P134 鼻	**ビ** はな	**耳鼻科**に通って治療する。
P134 迷	**メイ** まよう	遊園地の**迷路**に入る。

使い分けに注意

褐

▼「褐」「喝」は、形が似ていて、音読みも同じ「カツ」なので、意味を理解して使い分ける。

・褐…焦げ茶色。例褐色・茶褐色

・喝…大声を出す。例喝采・一喝

覚えておこう

畔 **亜**

▼「畔」には、「水際、ほとり」という意味がある。

例河畔・湖畔

▼「亜」には、①「主たる物に次ぐ、二番目」という意味と、②「亜細亜（アジア）」という意味がある。

例①亜流（一流に次ぐ）・亜寒帯（寒帯に次いで寒い地域）

例②東亜（東アジア）・欧亜（ヨーロッパとアジア）

読みに注意

脊 **椎**

▼「背骨を構成する多くの骨」という意味の「脊椎」は、「背骨の中を通っている神経」という意味の「脊髄（せきずい）」と、読みも意味も似ているので注意する。

書き誤りに注意

勾

▼同じ「勹（つつみがまえ）」の部首をもつ「匂」と書き誤りやすいので注意する。

・勾…まがる。とらえる。例勾配・勾留

・匂…におう。におい。例匂い袋

旋 **麓**

▼「旋」の右側は「疋」。「缶」や「疋」と書き誤りやすいので注意する。

▼同じ「鹿（しか）」の部首をもつ「麗」と書き誤りやすいので注意する。

・麓…ふもと。山の裾。例山麓

・麗…うるわしい。美しい。例麗人・華麗

形に注意

杯

▼つくりの形は「不」ではなく「不」。また、「不」の下に、「不」のような横棒はない。誤りやすいので、よく見て覚える。

重要な語句

134ページ

上3 褐色　黒みを帯びた茶色。

上4 湖畔　湖のほとり。

上6脊椎動物　背骨をもつ動物。現在の動物の中では最も複雑な進化を遂げているもの。哺乳類・鳥類・は虫類・両生類・魚類に分類される。

上7亜熱帯　熱帯に次いで気温が高い地域。

上8勾配　傾きの程度。傾斜。斜面。

上11旋回　ぐるぐると回ること。また、進路を変えること。

文ヘリコプターが東に旋回する。

上11緩急　ゆるやかなことと、急なこと。また、遅いことと、速いこと。

文聞き取りやすい、緩急をつけた話し方を心掛ける。

上12山麓　山と平地の境目辺り。山の麓。

上12造幣　貨幣（硬貨・紙幣など）を造ること。

上13吉凶　吉（よいこと）と凶（わるいこと）。

文おみくじを引いて吉凶を占う。

上13苦杯　（苦い飲み物を入れた杯の意味から）つらく、嫌な経験。

関苦杯をなめる　つらい経験をする。

上14募金　多くの人に呼びかけて、寄付のお金を集めること。

上14詠唱　詩歌（しいか）に節をつけて歌うこと。

下3郷愁　故郷をなつかしく思う気持ち。

下3哀悼　人の死を悲嘆し、いたむ気持ち。

関追悼　亡くなった人の生前をしのび、悲しむこと。

下4怠惰　怠けてだらだらすること。

下4戦慄　恐ろしくて身体が震えること。

文野生の熊が現れたと聞き、戦慄が走った。

下9声色　声の調子。また、人などの声をまねること。

下10岩室　岩に、穴を掘ってできた洞穴。類岩屋

初恋

教科書 140▼141 ページ

新出漢字

漢字	読み方	部首	画数	筆順	用例
P140 恋	レン こう こい こいしい	心 こころ	10画	亠 亣 亦 亦 恋 恋	**恋愛小説**を読む。 子犬が母犬を**恋う**て鳴く。 淡い**初恋**を思い出す。 故郷を**恋しく**思う。

送り仮名に注意

恋　▼訓読みは「こ（う）」「こい」「こい（しい）」。誤って「い」を送り、「恋いする」「恋いしい」としないようにする。

重要な語句

140ページ

4 花櫛（はなぐし）　（ここでは）花のようなデザインを施した櫛、髪飾りのこと。

8 薄紅（うすくれなゐ（くれない））　うすい紅色。紅色は鮮やかな赤色。

141ページ

3 盃（さかづき（さかずき））　酒を飲むための小さな器。平たくくぼんだ皿のような形をしていて、下に台がついている。

6 おのづから（おのずから）　（ここでは）自然に。いつのまにか。

7 かたみ　（ここでは）過去を思い出すきっかけとなるもの。記念となるもの。

基本ドリル 1　⑤自らの考えを

解答 109ページ

学習日　／　／

1 次の漢字の読み方を書きなさい。

人工知能との未来

□① 将棋の対局を始める。

漢字に親しもう4

□② 褐色の大地に立つ。
□③ 湖畔の別荘で過ごす。
□④ ろうそくの炎が消える。
□⑤ 城が炎上する場面を撮る。
□⑥ 脊椎動物を分類する。
□⑦ 亜熱帯に生息する生物。
□⑧ 勾配の緩やかな道を歩く。
□⑨ カモメが海上を旋回する。
□⑩ 山麓で馬を放牧する。
□⑪ 麓の村で生活する。
□⑫ 苦杯をなめた経験を生かす。
□⑬ 結婚式で杯を交わす。
□⑭ 高らかに和歌を詠唱する。
□⑮ 郷愁をかき立てる歌声。
□⑯ 感謝と哀悼の意をささげる。
□⑰ 怠惰な日常を改める。
□⑱ 目の前の光景に戦慄する。
□⑲ 弟の子守りをする。
□⑳ 優しい声色で話しかける。
□㉑ 岩室を倉庫にする。
□㉒ 耳鼻科を受診する。
□㉓ 巨大な迷路に挑戦する。

初恋

□㉔ 初恋の相手と再会する。
□㉕ 恋愛小説を執筆する。
□㉖ 祖母の手料理が恋しい。

2 次の（　）に当てはまる語句を下から選び、書き入れなさい。

人工知能との未来

□① 臓器提供の（　　）表示をする。　【意志・意思】
□② （　　）なデータを収集する。　【棒大・膨大】
□③ なんとなく（　　）感を覚える。　【違和・異和】

3 次の説明に当てはまる、色を表す語を後から選び、書きなさい。

漢字に親しもう4

□ 黒味を帯びた茶色。（　　）

朱色　褐色　緑色

4 次の語句の意味を後から選び、記号で答えなさい。

人工知能との未来

□① 受容（　）
□② 浸透（　）
□③ 言説（　）
□④ 最適解（　）
□⑤ 危惧（　）
□⑥ 視座（　）
□⑦ 顕著（　）
□⑧ 仮想敵（　）

人間と人工知能と創造性

□⑨ 賜物（たまもの）（　）
□⑩ 頻度（　）
□⑪ 依然（　）

漢字に親しもう4

□⑫ 勾配（　）
□⑬ 戦慄（　）
□⑭ 詠唱（　）

ア 結果として与えられたよいもの。成果。
イ 物事を見たり、それについて考えたりするときの立場。
ウ 同じことが繰り返されるどあい。
エ うけ入れること。
オ 今の状況で一番良いと考えられる答え。
カ 心配し、おそれること。
キ ある物事をせつめいするためのことば。意見。
ク 考え方や習慣などがだんだん広がっていくこと。
ケ 傾きの程度。傾斜。斜面。
コ はっきりとしていて、とても目立つ様子。
サ 恐ろしくて身体が震えること。
シ 物事を考えるときに、かりにてきと設定する相手。
ス 前と変わらない様子。
セ 詩歌（しいか）に節をつけて歌うこと。

5 次の各組の熟語と構成が同じものを後から選び、書きなさい。

漢字に親しもう4

□① 増減・進退・緩急・因果（　）
□② 帰郷・加熱・開幕・造幣（　）
□③ 山麓・世論・速報・深海（　）
□④ 詠唱・意志・創造・保養（　）

募金　苦杯　豊富　清濁

6 次の（　）の熟語のうちで、――線の漢字の読み方が違うものを選び、その熟語の読み方を書きなさい。

漢字に親しもう4

□①（<u>声</u>高　<u>声</u>援　名<u>声</u>　<u>声</u>優）（　）
□②（<u>鼻</u>歌　<u>鼻</u>血　耳<u>鼻</u>科　<u>鼻</u>っ柱）（　）
□③（<u>寝</u>室　岩<u>室</u>　皇<u>室</u>　教<u>室</u>）（　）
□④（宿<u>命</u>　運<u>命</u>　<u>命</u>題　寿<u>命</u>）（　）
□⑤（現<u>役</u>　<u>役</u>職　使<u>役</u>　<u>役</u>務）（　）

確認ドリル 1

5 自らの考えを

解答 109ページ

学習日 ／ ／

1 次の片仮名を漢字で書きなさい。

人工知能との未来

□① ショウギの対局を解説する。

漢字に親しもう4

□② セキツイを損傷する。
□③ アネッタイ性の気候。
□④ 詩歌（しいか）をエイショウする。
□⑤ コハンのボート乗り場。
□⑥ この事態にリツゼンとする。
□⑦ サンロクの村を訪ねる。
□⑧ 複雑なメイロを脱出する。
□⑨ 薄暗いイワムロの中に入る。
□⑩ イエンと診断される。
□⑪ 山のフモトの畑を耕す。
□⑫ 亡き祖父をツイトウする。
□⑬ コモリ歌で寝かしつける。
□⑭ ジビカの医師を目指す。
□⑮ 長いダミンから目覚める。
□⑯ 有名人のコワイロを使う。
□⑰ キョウシュウを誘う写真。
□⑱ サカズキを重ねる。
□⑲ ホノオが燃え上がる。
□⑳ チャカッショクの犬を飼う。
□㉑ 喜んでシュクハイをあげる。
□㉒ 容疑者をコウリュウする。
□㉓ 船が右にセンカイする。

初恋

□㉔ レンアイ漫画を読む。
□㉕ 遠い母国がコイしい。

2 次の□に、後から選んだ片仮名を漢字に直して書き入れ、意味が似ている漢字を組み合わせた熟語を作りなさい。

漢字に親しもう4

□① 怠□　□② □回　□③ 皮□

【 セン　オク　カツ　ダ　フ　ジ 】

3 次の□に、後から選んだ片仮名を漢字に直して書き入れ、意味が対になる漢字を組み合わせた熟語を作りなさい。

漢字に親しもう4

□① 吉□　□② 真□　□③ □急

【 チョウ　キョウ　ジツ　カン　キン　ギ 】

4 次の各組の□に共通して当てはまる漢字を書きなさい。

人工知能との未来

□① (1) 警察官が□通安全講習を開く。
(2) 色々なうわさが飛び□う。

□② (1) 学級□員長に選出される。
(2) 先方の判断に□ねる。

漢字に親しもう4

□③ (1) 堅い□備を誇るチーム。
(2) 弟の子□りをする。

□④ (1) 敵の攻撃で城が□上する。
(2) 胸の□が燃え盛る。

□⑤ (1) □悼の意を表する。
(2) 捨て猫を□れむ。

□⑥ (1) 他人に□惑をかけてはいけない。
(2) 地図を見ながら進んだが、道に□った。

初恋

□⑦ (1) □愛関係が長い二人。
(2) 遠く離れて暮らす母を□う。

□⑧ (1) 勉学に励み、□志貫徹する。
(2) 新年に行われた書き□め大会。

5 次の□に当てはまる漢字を下から選び、書き入れなさい。

人工知能との未来

□① タイトルをかけて□士が対局する。 【旗・棋】

漢字に親しもう4

□② 河□を散歩する。 【畔・伴】

□③ 造□局を見学する。 【弊・幣】

□④ 素朴なメロディに哀□をそそられる。 【秋・愁】

□⑤ 漢詩を朗□する。 【永・詠】

6 次の――線の漢字の読み方を音読みの場合は片仮名で、訓読みの場合は平仮名で書きなさい。

漢字に親しもう4

□① 脊椎動物を分類する。（　　）

□② 鼻炎をわずらう。（　　）

□③ 山頂から麓まで半日かかる。（　　）

□④ 亜熱帯地方に住む。（　　）

□⑤ 滝の裏にある岩室に入る。（　　）

6 いにしえの心を受け継ぐ

教科書 144▼164ページ

学習日 ／ ／

和歌の世界

教科書 144▼145ページ

特別な読み方をする語

143 時雨【しぐれ】

重要な語句

144ページ

2 珠玉　宝石としての玉。（ここでは）宝石のようにすばらしいもの。
文 恋にまつわる珠玉の作品集を刊行する。

古今（こきん）和歌集　仮名序

教科書 146▼147ページ

重要な語句

147ページ

下7 託す　他のものに関連づける。委ねる。
下11 もろもろ　多くのもの。いろいろなもの。
下11 精霊　（ここでは）自然の万物に宿る魂。
下11 しみじみ　心に深くしみ入る様子。
下12 勇猛　物事に勇ましく立ち向かう様子。
下12 和らげる　穏やかになるようにする。

君待つと——万葉・古今・新古今

教科書 148▼153ページ

新出漢字

漢字	読み方	部首	画数	筆順	用例
P152 緒	ショ チョ お	糸 いとへん	14画	幺 糸 紀 紗 緒 緒	緒戦は大勝した。 情緒ある風景を眺める。 命のことを玉の緒という。

新出音訓（□は新しく習う読み方）

漢字	読み方	用例
P148 今	コン・キン いま	古今和歌集を読む。
P148 衣	イ ころも	僧侶が墨染めの衣を着る。
P149 貴	キ たっとい・とうとい・ たっとぶ・とうとぶ	非常に貴い体験をする。 何よりも真実を貴ぶ。

読みに注意

今

▼「古今（こきん）」と「古今（ここん）」は、別の言葉。どちらで読むかは、下に続く言葉によって見分ける。
・古今（こきん）…例 古今和歌集・古今雛（びな）
・古今（ここん）…例 古今著聞集（ちょもんじゅう）・古今東西・古今を問わず

書き誤りに注意

緒

▼「緒」「諸」は、形が似ていて、同じ「ショ」の音読みをもつので、意味を理解して書き分ける。

・緒…物事の始まり。ひも。例緒戦・端緒・一緒

・諸…いろいろな。さまざまな。例諸君・諸国・諸説

重要な語句

148ページ

7 **あけぼの**　夜がほのぼのと明け始める頃。

149ページ

6 **神々しい**（こうごう）　気高く厳かな様子。

8 **はばむ**　前に進もうとするのを妨げる。

8 **時季**　（ある事柄が盛んに行われる）季節。

9 **高嶺**（たかね）　高い峰。

150ページ

3 **いとしい**　かわいい。恋しい。類いとおしい

夏草――「おくのほそ道」から

教科書 154▼162ページ

新出漢字

漢字	読み方	部首	画数	用例
P155 荘	ソウ	艹（くさかんむり）	9画	**別荘**で夏休みを過ごす。 **荘重**な音楽が会場に流れる。 **山荘**に宿泊の予約を入れる。
		筆順：艹 艹 芢 芢 荘 荘		

新出音訓（□は新しく習う読み方）

漢字	読み方	用例
P155 門	モン かど	新たな**門出**を祝う。

書き誤りに注意

荘

▼「いかめしい」という意味があり、「荘厳」「荘重」などの熟語を作る。同じ「ソウ」という音の「壮」と書き誤りやすいので注意する。

・壮…さかん、いさましいという意味。例壮大・壮麗

重要な語句

154ページ

上7 **漂泊**　さまよい歩くこと。さすらい。

下5 **馬子**（まご）　人や荷物を乗せた馬をひくことを職業とした人。

下6 **すみか**　住んでいるところ。（ここでは）生活する環境のこと。

下7 **風雅**　風流で上品なこと。（ここでは）詩歌（しいか）・文芸・書画の世界の意。

下13 **あばらや**　荒れ果てた家。また自宅を謙遜していう語。

155ページ

上10 **庵**（あん）　僧などが住む小さい粗末な家。

下2 **立ちこめる**　（ガスや霧などが）一面を覆っている。

下5 **手につかない**　別のことに気を取られてそのことができない。
関手がつけられない　取れる手段や方法がない。
関手をつける　物事に取りかかる。

下11 **別荘**　自宅と違う所に建てた家。

下15 **わびしさ**　もの寂しく、みすぼらしい様子。

基本ドリル 1

❻ いにしえの心を受け継ぐ

解答 109ページ

学習日 ／ ／

1 次の漢字の読み方を書きなさい。

和歌の世界

□① 時雨の中を歩く。

君待つと

□② 古今和歌集を研究する。

□③ 干した衣が風に揺れる。

□④ 富士山の神々(こうごう)しく貴い姿。

□⑤ 玉の緒をつなぎ止める。

□⑥ 論文の緒言を工夫する。

□⑦ 情緒豊かに表現する。

夏草

□⑧ 夏は別荘に移り住む。

□⑨ 妹の新たな門出を見送る。

① ② ③ ④ ⑤ ⑥ ⑦ ⑧ ⑨

2 次の語句の類義語を後から選び、漢字で書きなさい。

夏草

□① 永遠＝（　　　）

□② 支度＝（　　　）

□③ 一生＝（　　　）

えいきゅう　えんせい　しょうがい
じゅんび　しじ　いちねん

3 次の（　）に当てはまる語句を後から選び、記号で答えなさい。

古今和歌集 仮名序

□① 静かな音楽は、興奮した心を（　　）。

□② 自分が伝えたいメッセージを、物事に（　　）。

君待つと

□③ 行く手を（　　）森を避けて進む。

夏草

□④ 人生の全てを演劇の道に（　　）。

□⑤ 寂れた街を一人で（　　）。

□⑥ 濃い霧が辺りに（　　）。

ア さすらう　イ はばむ　ウ 和らげる
エ 立ちこめる　オ ささげる　カ 託す

4 次の（　）に当てはまる語句を下から選び、書き入れなさい。

古今和歌集 仮名序

□① 夕焼けを（　　）（　　）と味わう。

□② （　　）（　　）の事情を考慮する。

夏草

□③ 時間が迫って（　　）（　　）する。

ありあり
しみじみ
そわそわ
もろもろ

確認ドリル 1

⑥いにしえの心を受け継ぐ

解答 109ページ

学習日 ／ ／

1 次の片仮名を漢字で書きなさい。

和歌の世界

□① シグレの中を歩く。（　　）

君待つと

□② 赤いハナオの下駄をはく。（　　）
□③ 彼はジョウチョ不安定だ。（　　）
□④ 命あるものは全てトウトい。（　　）
□⑤ コキン和歌集を読み解く。（　　）
□⑥ 何より真実をタットぶ。（　　）
□⑦ 天ぷらのコロモが剝がれる。（　　）
□⑧ 試合のショセンは優勢だった。（　　）

夏草

□⑨ 家族でサンソウに泊まる。（　　）
□⑩ 卒業生のカドデを祝福する。（　　）

2 次の――線の漢字を後から選び、記号で答えなさい。

君待つと

□① 目がサめる。（　　）
ア 冷　イ 覚　ウ 差

□② 連絡がタえる。（　　）
ア 絶　イ 耐　ウ 堪

夏草

□③ 関をコえる。（　　）
ア 超　イ 肥　ウ 越

□④ 季節が秋にウツる。（　　）
ア 写　イ 移　ウ 映

3 次の意味の語句を後から選び、漢字で書きなさい。

和歌の世界

□① 宝石のようにすばらしいもの。（　　）

古今和歌集 仮名序

□② 物事に勢いよく立ち向かう様子。（　　）
□③ 自然の万物に宿る魂。（　　）

夏草

□④ 詩歌（しいか）・文芸・書画の世界。（　　）
□⑤ さまよい歩くこと。さすらい。（　　）
□⑥ 自宅と違う所に建てた家。（　　）

ひょうはく	ふうが	べっそう
せいれい	しゅぎょく	ゆうもう

4 次の熟語の特別な読み方（熟字訓）を書きなさい。

夏草

□① 五月雨（　　）
□② 梅雨（　　）

価値を生み出す／読書に親しむ

教科書 166▼194ページ

学習日 ／ ／

誰かの代わりに

教科書 166▼171ページ

新出音訓（□は新しく習う読み方）

漢字	読み方	用例
P167 危	キ あぶない・あやうい・あやぶむ	危うく間違うところだった。 二回戦進出を危ぶむ。

特別な読み方をする語

165 日和【ひより】

重要な語句　◆は教科書中にある「注意する語句」

166ページ

4 哲学者　世界・人生などの根本を突き詰めていく学問を追究する学者。

4 思想家　社会・人生などに深い思想をもち、特にそれを社会に問いかけて影響を与えている人。

◆7 保障　ある状態が悪くならないように保護し、守ること。
文国民の安全を保障する。
関保証　大丈夫であることを認めて責任をもつこと。

11 しんどさ　ひどく疲れたり、面倒が多かったりすること。
文全て一人でやることにしんどさを感じる。

13 成し遂げる　物事を最後までやり遂げる。
文志望校合格を成し遂げる。

13 測る　（ここでは）心の中で推定する。想像する。

167ページ

7 切ない　悲しさなどで胸がしめつけられるような、やるせない、やりきれない思い。

10 肯定　物事をそのとおりに認めること。また、意義を積極的に認めること。対否定

13 一切　（下に打ち消しの語を伴って）まったく。全然。
文例外は一切認めない。

15 成り行き　物事が、だんだん変化していく様子や過程。また、その結果。

16 危うい　（ここでは）先行きに関してよくないものを感じて気がかりな様子。

19 依存症　あることに頼りきって、それがないと精神的、肉体的に安定できない状態。「依存」は、他のものに頼って存在すること。

20 陥る　（ここでは）望ましくない状態になってしまう。

168ページ

1 見舞われる　望ましくないことが身に降りかかったり、災害などに襲われたりする。

4 誤解　間違った理解をしたり、意味を取り違えたりすること。思い違い。
関正解　正しい解答や解釈。
関曲解　物事や言動を素直に受け取らずにねじ曲げて解釈をすること。

169ページ

3 応える　（ここでは）要望や期待に添うような反応を返す。
文 監督の期待に応えるような活躍をする。

5 課する　負担するものを一方的に引き受けさせる。
文 一日に三時間の練習を自らに課した。

◆12 免除　義務や役割などの負担をしなくてもよいと許すこと。
文 学科試験を免除する。

◆13 格闘　（ここでは）困難な物事に必死に取り組むこと。

17 克服　努力して、困難を乗り越えること。

17 神学者　宗教において、その教えを体系化し正しさについて研究をする学者。特にキリスト教に多い。

170ページ

2 挙げる　（ここでは）述べる。示す。
文 具体例を挙げる。

漢字3　漢字のまとめ

教科書174▼175ページ

新出漢字

漢字	読み方	部首	画数	筆順	用例
P174 梗	コウ	木 きへん	11画	木 村 杠 桁 梗 梗	**脳梗塞**の疑いがある。物語の**梗概**を話す。
P174 桁	けた	木 きへん	10画	木 朩 朸 桁 桁 桁	三**桁**の掛け算を習う。商品の価格が**桁違い**だ。**橋桁**を頑丈に造る。
P174 桟	サン	木 きへん	10画	木 朾 杙 栈 栈 桟	**桟橋**から船を見送る。恐る恐る**桟道**を渡る。
P174 貪	ドン / **むさぼる**	貝 かい こがい	11画	人 今 含 貪 貪 貪	**貪欲**に知識を吸収する。不当に利益を**貪る**。好物を**貪る**ように食べる。
P174 賄	ワイ / **まかなう**	貝 かいへん	13画	目 貝 貯 賄 賄	議員の**収賄**が発覚する。会費で運営を**賄う**。**賄い付き**の仕事を探す。
P174 悦	エツ	忄 りっしんべん	10画	忄 忄 忄 悅 悦 悦	読書は**悦楽**をもたらす。好成績にご**満悦**の表情だ。**喜悦**の声を上げる。
P174 怨	（エン） / オン	心 こころ	9画	ノ ク タ 夗 夗 怨	**怨恨**（えんこん）が引き起こした事件。長年の**怨念**を晴らす。
P174 慰	イ / **なぐさめる** / **なぐさむ**	心 こころ	15画	コ 尸 尉 尉 慰 慰	選手全員を**慰労**する。音楽で気持ちを**慰める**。優しい言葉に心が**慰む**。
P174 詐	サ	言 ごんべん	12画	言 言 言 許 詐	振り込め**詐欺**に注意する。経歴を**詐称**してはいけない。金品を**詐取**された事件。
P174 訃	フ	言 ごんべん	9画	丶 亠 言 訁 訃	恩師の**訃報**に接する。旧友の**訃音**（いん）を受け取った。電話で**訃**を伝える。
P174 詮	セン	言 ごんべん	13画	言 訁 詅 詮 詮 詮	**所詮**他人の話だ。余計なことを**詮索**する。言っても**詮ない**ことだ。

漢字	ページ	読み	部首	画数	例文
犠	P174	ギ	牛 うしへん	17画	**犠打**によって先制する。
牲	P174	セイ	牛 うしへん	9画	休日を**犠牲**にして働く。
劾	P174	ガイ	力 ちから	8画	不正を許さず、**弾劾**する。
坑	P174	コウ	土 つちへん	7画	**炭坑**の跡地を見学する。昔の**坑道**が公開される。**廃坑**までの歴史をたどる。
牙	P174	（ガ） ゲ きば	牙 きば	5画	**歯牙**(しが)にもかけない。**象牙**の工芸品をかざる。マンモスの**牙**は鋭い。
融	P174	ユウ	虫 むし	16画	新しい**金融**政策を導入する。金属の**融点**を調べる。日程に**融通**がきく。
嫉	P174	シツ	女 おんなへん	13画	友達の才能に**嫉妬**する。
畏	P175	イ おそれる	田 た	9画	自然の力を**畏怖**する。将軍に**畏敬**の念を抱く。山の神を**畏れる**。
賜	P175	（シ） たまわる	貝 かいへん	15画	念願の**賜杯**(しはい)を手にする。お祝いの言葉を**賜る**。

漢字	ページ	読み	部首	画数	例文
遡	P175	（ソ） さかのぼる	辶 しんにょう しんにゅう	13画	サケが川を**遡上**(そじょう)する。起源は平安時代に**遡る**。
唄	P175	うた	口 くちへん	10画	**唄**を口ずさむ。**長唄**の教室に通う。**小唄**の節回し。
窮	P175	キュウ （きわめる） （きわまる）	穴 あなかんむり	15画	国に生活の**窮状**を訴える。チームが不振を**窮**(きわ)**める**。進退**窮**(きわ)**まって**相談する。
糾	P175	キュウ	糸 いとへん	9画	同じ思想の仲間を**糾合**する。汚職事件を**糾弾**する。政治的交渉が**紛糾**する。
玩	P175	ガン	王 おうへん たまへん	8画	これは幼児向けの**玩具**だ。**愛玩動物**を飼う。
措	P175	ソ	扌 てへん	11画	適切な**措置**を取る。巧みな**措辞**の詩を読む。**挙措**のしとやかな人。
藩	P175	ハン	艹 くさかんむり	18画	江戸時代の**藩士**。**藩主**の屋敷(やしき)跡を訪ねる。**廃藩置県**の記録を調べる。
畿	P175	キ	田 た	15画	**近畿地方**の会社に就職する。**畿内**の歴史を研究する。
尻	P175	しり	尸 しかばね かばね	5画	最後に**帳尻**を合わせる。孫の姿に**目尻**を下げる。**尻**に火がつき行動を起こす。

新出音訓（□は新しく習う読み方）

漢字	読み方	用例
P174 紅	コウ・ク べに・くれない	海が紅に染まる。
P174 眼	ガン・（ゲン） まなこ	血眼になって迷子を捜す。
P174 氏	シ うじ	氏神様をまつる神社。
P174 次	ジ・シ つぐ・つぎ	式次第を確認する。
P174 夕	セキ ゆう	一朝一夕には完成しない。
P174 若	ジャク・（ニャク） わかい・（もしくは）	傍若無人な態度を叱る。
P174 得	トク える・うる	本から得るところがあった。
P174 生	セイ・ショウ いきる・いかす・いける・うまれる・うむ・おう・はえる・はやす・き・なま	自分の生い立ちを語る。
P175 費	ヒ ついやす・ついえる	時間をむだに費やす。事業で財産が費える。
P175 州	シュウ す	川の中州に立つ。
P175 黄	コウ・オウ き・こ	黄金色の花が咲く。
P175 神	シン・ジン かみ・かん・（こう）	神主が祭事をつかさどる。

漢字	読み方	用例
P175 外	ガイ・ゲ そと・ほか・はずす・はずれる	外科手術を受ける。
P175 修	シュウ・シュ おさめる・おさまる	武者修行をする。
P175 敵	テキ かたき	親の敵を討つ物語を読む。
P175 討	トウ うつ	敵将を討つ。
P175 災	サイ わざわい	災いを転じて福となす。
P175 郷	キョウ・ゴウ	郷に入っては郷に従え。
P175 戦	セン いくさ・たたかう	天下分け目の戦。
P175 銭	セン ぜに	残った銭を数える。

特別な読み方をする語

175 竹刀【しない】
175 凸凹【でこぼこ】
175 老舗【しにせ】
175 砂利【じゃり】

使い分けに注意

畏

▼「畏れる」と「恐れる」の意味を理解して、正しく使い分ける。
・畏れる…おそれうやまう。例神を畏れる。
・恐れる…こわがる。心配する。例失敗を恐れる。

送り仮名に注意

遡

▼「さかのぼる」で一語であり、送り仮名は「る」のみ。「遡のぼる」や「遡ぼる」としない。

覚えておこう

凸　凹

▼「凸（トツ）」「凹（オウ）」という音をもつ。形と読みが入れ違わないようにする。二字熟語にすると、結合する順序で読みが異なるので注意する。
凸凹（でこぼこ）・凹凸（オウトツ）

重要な語句

174ページ

下8 式次第　式、会議などを進める順序。また、その進行表。
下8 茶飯事　ごく普通のありふれたこと。
下8 一朝一夕　わずかな時間。わずかな月日。
下9 傍若無人　人目を気にせず、勝手気ままに振る舞うこと。
下9 言語道断　言葉も出ないほどひどい様子。もってのほか。
下9 当意即妙　状況に応じて機転を利かせること。

175ページ

下9 江戸の敵を長崎で討つ　意外なところで以前の仕返しをする。
下9 口は災いの元　うっかり話したことが災難を招くことがある。気をつけて話しなさいという教え。
下10 郷に入っては郷に従え　その土地に行ったら、その土地の習慣に従うべきだ。
下10 頭隠して尻隠さず　自分では全て隠したつもりだが、実際は一部分が見えていること。
下11 腹が減っては戦ができぬ　良い仕事をするためには、腹ごしらえが大切だ。
下11 安物買いの銭失い　安い物を買うと、すぐ駄目になってしまい、かえって損をするということ。

漢字に親しもう5

教科書176ページ

新出漢字

漢字	読み方	部首	画数	筆順	用例
P176 暫	ザン	日 ひ	15画	亘 車 斬 斬 暫 暫	**暫定**の予算を立てる。**暫時**お待ちください。
P176 征	セイ	彳 ぎょうにんべん	8画	彳 彳 行 行 征 征	世界最高峰の山を**征服**する。海外で**遠征**試合を行う。鬼を**征伐**する昔話。
P176 錬	レン	金 かねへん	16画	𠆢 金 釘 鉅 錬 錬	彼は武術の**鍛錬**を積んだ。**錬金術**が廃れる。金属を**精錬**する。
P176 禅	ゼン	礻 しめすへん	13画	礻 礻 祁 褝 禅	夏休みに**座禅**の教室に通う。**禅宗**の寺で講話を聴く。**禅寺**で修行する。
P176 蚊	か	虫 むしへん	10画	口 口 中 虫 虫 蚊	**蚊取り線香**を使う。夏の夕方、**蚊柱**が立つ。やぶ**蚊**に刺される。

ページ	漢字	読み	部首	画数	筆順	用例
P176	朱	シュ	木（き）	6画	ノ 𠂉 牛 牛 朱 朱	印鑑に**朱肉**を付ける。燃えるような**朱色**の柱。原稿に**朱筆**を入れる。
P176	柿	かき	木（きへん）	9画	木 木' 杧 杮 柿 柿	**柿色**に染めた織物。**柿**の葉が色づく。軒先に**渋柿**を干す。
P176	瓦	（ガ）かわら	瓦（かわら）	5画	一 丆 瓦 瓦 瓦	時の政権が**瓦解**（がかい）する。**瓦屋根**の家が並ぶ。江戸時代の**瓦版**。
P176	碑	ヒ	石（いしへん）	14画	石 矿 砷 碑 碑 碑	先人の**石碑**を発見する。古代の**碑文**を読み解く。**記念碑**のある公園に行く。
P176	坪	つぼ	土（つちへん）	8画	土 圷 圷 垀 坪 坪	役所へ**建坪**を報告する。**坪数**の多い立派な建物。**坪庭**に植物を植える。
P176	邦	ホウ	阝（おおざと）	7画	一 二 三 手 邦 邦	イギリスは**連邦国家**だ。**邦楽**の教室に通う。**在留邦人**の安否を確認する。
P176	塑	ソ	土（つち）	13画	䒑 屰 屰 朔 朔 塑	土をこねて**塑像**を作る。**彫塑**を基礎から学ぶ。
P176	墜	ツイ	土（つち）	15画	阝 阝' 阝 隊 隊 墜	敵の航空機を**撃墜**する。崖から車が**墜落**する。権威が**失墜**する。
P176	堕	ダ	土（つち）	12画	阝 阝 阝 阵 陏 隋 堕	**堕落**した人生。安易な手法に**堕**する。
P176	垣	かき	土（つちへん）	9画	土 圷 垣 垣 垣 垣	立派な**生け垣**のある家。**人垣**をかき分けて進む。心の**垣根**を取り払う。

新出音訓

（□は新しく習う読み方）

ページ	漢字	読み方	用例
P176	忘	[ボウ] わす**れる**	**忘恩**の徒と化す。
P176	園	エン [その]	**花園**の写真を撮る。
P176	昔	（セキ）・[シャク] むかし	「**今昔物語集**」を学ぶ。
P176	貸	[タイ] か**す**	車を**貸与**する。
P176	浅	[セン] あさ**い**	川の**深浅**を測量する。

書き誤りに注意

征

▼「征」は、攻め込むという意味。同じ「セイ」の音をもつ「制」は、形を整える、おさえるという意味。それぞれの漢字を使った熟語には、同音の言葉や似た意味の言葉があるので、混同しないようにする。

征…例征服・征伐　制…例制服・制圧

筆順に注意

瓦

▼総画数は五画。二画目「瓦」と三画目「瓦」を続けずに、分けて書くことに注意。また、四画目の「瓦」の形もしっかり押さえる。

重要な語句

176ページ

- 上4 暫定　しばらくの間、仮に決めておくこと。
- 上4 斬新　発想などが目新しくて、珍しい様子。
- 上4 漸次　少しずつ。だんだん。しだいに。
- 上6 陳謝　事情を説明して、丁寧に謝ること。
- 上11 瓦版　江戸時代に、板に文字や絵を彫って印刷した、現在の新聞のようなもの。

エルサルバドルの少女 ヘスース

教科書178▼187ページ

新出漢字

	漢字	読み方	部首	画数	筆順	用例
P178	是	ゼ	日 ひ	9画	日旦早早昰是	格差是正のうえ平等を図る。要求を是認する。国民に法案の是非を問う。
P181	凄	セイ	冫 にすい	10画	冫冫冫冫凄凄	凄惨な事件が起こる。凄絶な体験をする。
P181	羅	ラ	罒 あみがしら あみめ	19画	罒罗罗罗羅羅	一張羅を着て外出する。全てを網羅するのは困難だ。数字の羅列にすぎない。
P185	弄	ロウ もてあそぶ	廾 にじゅうあし こまぬき	7画	一丁王王弄弄	時代に人生を翻弄される。下手な策を弄する。ハンカチを弄ぶ。

新出音訓

（□は新しく習う読み方）

	漢字	読み方	用例
P182	辞	ジ やめる	月末で会社を辞める。

覚えておこう

是

▼「正しい」という意味がある。対義語は「不正」の意味の「非」。「是非」は、善し悪(あ)しや可否の意味。「是々非々」は、よいことはよいと賛成し、悪いことは悪いと反対することをいう。「是非……ください」の言い方では、必ず、きっとの意味を表す。例提案の是非を問う。例是々非々の姿勢を貫く。例是非、遊びに来てください。

部首に注意

凄

▼部首は「氵(さんずい)」ではなく「冫(にすい)」。書き誤りに気をつける。

送り仮名に注意

弄

▼訓読みは「もてあそ(ぶ)」。送り仮名は「ぶ」だけなのでしっかり覚える。

使い分けに注意

辞

▼「辞める」は、仕事や社会的な地位を退くときに使う。「勉強をやめる」など、していたことを終わりにするときには使わない。何を「やめる」のかに注意する。例クラブの部長を辞める。例テニス部をやめる。

重要な語句

178ページ

上4 **戦火**　戦争による火災。または戦争そのもの。
文 隣国と戦火を交える。

上8 **是正**　悪い点や不具合な点を改めて正しく直すこと。
文 貿易の不均衡を是正する。

上9 **内戦**　国内での、同じ国民同士での戦い。

下2 **救世主**　人類の救い主。宗教的な主を指すことが多い。また、それが転じて組織を救う活躍をする人。
文 彼は吹奏楽部再建の救世主のような存在だ。

180ページ

5 **所在なげに**　（ここでは）何もすることがなく時間を持て余している様子。
文 彼女は会場の片隅に所在なげに立っていた。

10 **路地裏**　裏通りの入り組んだ場所。

16 **劣悪**　環境などがとても劣っていて悪い状態のこと。

181ページ

1 **凄惨**　見ていられないほどむごくて痛ましい様子。

2 **すさむ**　（ここでは）気持ちにゆとりがなくなる。

6 **一張羅**　持っている服の中でただ一着の上等な服。
文 パーティーに一張羅のドレスを着て行く。

16 **終結**　物事が終わり、決着がつくこと。

21 **とつとつと**　話し上手ではない人が、口ごもりながら少しずつ話す様子。

182ページ

上6 **工面**　必要なお金を、やり繰りをして集めること。
文 店の開業資金を工面する。

上13 **予期**　将来起きそうなことを、前もって見当をつけること。

下3 **復讐**（ふくしゅう）　敵討ち。報復をすること。

下13 **精を出す**　一生懸命に励み努力する。

184ページ

19 **ひつぎ**　遺体を葬（ほうむ）る際に入れる箱。かんおけ。

185ページ

6 **かけがえのない**　替わりになるものがないほど大切なこと。

8 **あかし**　事柄のよりどころを明らかにすること。証明。

17 **翻弄**　思うままに弄ぶこと。
文 数奇な運命に翻弄される少女の物語。

紛争地の看護師　本の世界を広げよう

教科書 188▼193 ページ

新出漢字

漢字	読み方	部首	画数	用例
P190 酷	コク	酉 ひよみのとり とりへん	14画	過酷な労働に従事する。
		筆順：一 酉 酉' 酉'' 酉⁺ 酷		自らの身体を酷使する。
				残酷な事件が解決する。

特別な読み方をする語

191 **行方**【ゆくえ】

重要な語句

189ページ

下11 **目を覆う**　（ここでは）あまりにひどくて直視できない。

下11 **耳を塞ぐ**　（ここでは）わざと聞かないようにする。

基本ドリル 1

7 価値を生み出す／読書に親しむ

解答 109ページ

学習日 ／ ／

1 次の漢字の読み方を書きなさい。

誰かの代わりに

□① 小春日和の穏やかな日。
□② 危ういところで命が助かる。

漢字3（1）

□③ 論文の梗概を説明する。
□④ 橋桁を補強する。
□⑤ 桟橋を並んで歩く。
□⑥ 歴史を貪欲に学ぶ。
□⑦ 新聞を貪るように読む。
□⑧ 収賄の容疑で逮捕される。
□⑨ 手持ちの資金で賄う。
□⑩ 音楽の深い悦楽に浸る。
□⑪ 怨念の深さを感じる話。
□⑫ 計画の完成を慰労する。
□⑬ 友達の失敗を慰める。
□⑭ 詐欺の犯人を逮捕する。
□⑮ 恩師の訃報が届く。
□⑯ プライベートは詮索しない。
□⑰ 貴重な時間を犠牲にする。
□⑱ 夕日で風景が紅に染まる。
□⑲ 財布を血眼になって探す。
□⑳ 氏神様のお守りを授かる。
□㉑ 悪徳政治家を弾劾する。
□㉒ 炭坑で働く人々をねぎらう。
□㉓ 象牙の色をした毛糸で編む。
□㉔ 大きな犬が牙をむく。
□㉕ 水の融点は零度である。
□㉖ 仲の良い二人に嫉妬する。
□㉗ 卒業式の式次第を配る。
□㉘ 一朝一夕に身につかぬ技術。
□㉙ 傍若無人な振る舞いを叱る。
□㉚ どんなことでも起こり得る。
□㉛ 自分の生い立ちを話す。
□㉜ 自然の神秘を畏れる。
□㉝ 畏敬する人と面会する。
□㉞ ビルの完成に歳月を費やす。
□㉟ 先輩からご指導を賜る。
□㊱ 自分の血筋を遡る。
□㊲ 特技の長唄を披露する。
□㊳ 窮状を訴える手紙が届く。
□㊴ 被疑者の責任を糾弾する。
□㊵ 幼児が玩具で遊ぶ。
□㊶ 中州で石を拾う。
□㊷ 問題に適切な措置をとる。
□㊸ 黄金色に輝く麦畑。
□㊹ 神主が境内を案内する。

2 次の――線の語句の意味を後から選び、記号で答えなさい。

誰かの代わりに

□① 新記録樹立を成し遂げる。（　）
□② 難解な書物と格闘する。（　）
□③ 成績優良者の学費を免除する。（　）
□④ 全員にレポートの提出を課する。（　）
□⑤ 相手の真意を測る。（　）
□⑥ 手加減は一切必要ない。（　）

ア 困難な物事に必死に取り組むこと。
イ 物事を最後までやりとげる。
ウ 義務や役割などの負担をしなくてもよいと許すこと。
エ 負担するものを一方的に引き受けさせる。
オ まったく。全然。
カ 心の中で推定する。想像する。

3 次の（　）に当てはまる語句を下から選び、書き入れなさい。

誰かの代わりに

□① 国民の権利が（　　）される。【保証・保障】
□② 手に傷を（　　）。【負う・追う】
□③ 文章の冒頭で例を（　　）。【挙げる・揚げる】
□④ 級友の激励に（　　）。【答える・応える】

4 次の①～⑤の構成になるように、後から漢字を選び、熟語を作りなさい。

漢字3（1）

□① 意味が似ている漢字の組み合わせ。（嫉□）（□想）
□② 意味が対になる漢字の組み合わせ。（損□）（□雄）
□③ 主語と述語の関係。（□鳴）（氷□）
□④ 下の漢字が上の漢字の目的や対象を示す。（□書）（解□）
□⑤ 上の漢字が下の漢字を修飾する。（□点）（額□）

思　得　妬　雷　雇　著　縁　解　雌　融

5 次の四字熟語の意味を後から選び、記号で答えなさい。

漢字3（1）

□ 一朝一夕（　）

ア わずかな時間。わずかな月日。
イ 方針や命令が朝夕ですぐ変わること。
ウ 一つの事をして、二つ以上の成果を手に入れること。

確認ドリル 1

7 価値を生み出す／読書に親しむ

解答 110ページ

学習日 ／ ／

1 次の片仮名を漢字で書きなさい。

誰かの代わりに

① 成功がアヤぶまれる。
② 穏やかなヒヨリが続く。

漢字3 (1)

③ 腹一杯食べてごマンエツだ。
④ 炭鉱のコウドウで石炭を運ぶ。
⑤ 友人の成功にシットする。
⑥ 年度末にイロウカイを開く。
⑦ ウるところが多い勉強。
⑧ 来賓からお言葉をタマワる。
⑨ サギの被害を防ぐ。
⑩ サンバシから船に手を振る。
⑪ 彼はユウズウがきく人だ。
⑫ 汚職をキュウダンする。
⑬ オンネンを断ち切る。
⑭ アイガン動物をかわいがる。
⑮ 裁判官をダンガイする。
⑯ 笛の音に心がナグサむ。
⑰ 神の力をオソれる。
⑱ シュウワイで罪に問われる。
⑲ 余計なセンサクは不要だ。
⑳ イケイの念に打たれる。
㉑ ライオンの鋭いキバ。
㉒ ケタチガいな強さを誇る。
㉓ 祖母にナガウタを習う。
㉔ セキジツが海に沈む。
㉕ 事のシダイを説明する。
㉖ ウジガミ様を信仰する。
㉗ カンヌシが祝詞（のりと）をあげる。
㉘ 川にナカスができる。
㉙ 寝ぼけマナコで出迎える。
㉚ 源流をサカノボる。
㉛ ゾウゲの輸入を禁止する。
㉜ ボウジャクブジンな性格。
㉝ 突然のフホウに接する。
㉞ 貴重な時間をツイやす。
㉟ ドンヨクに知識を吸収する。
㊱ 難民のキュウジョウを知る。
㊲ 学生寮のマカナいをする。
㊳ ギセイ者に祈りをささげる。
㊴ 好物の肉をムサボる。
㊵ 万全のソチをとる。
㊶ 自分のオい立ちを振り返る。
㊷ カエデがクレナイに染まる。
㊸ コガネイロのカラマツ林。
㊹ ノウコウソクをわずらう。

2 次の――線の語句の送り仮名が正しい場合は〇、間違っている場合は正しく書き直しなさい。

誰かの代わりに

□① 簡単にできるという錯覚に陥ちいる。（　　　）
□② 多くの外国の人と関かわる。（　　　）
□③ いい考えが頭に浮かぶ。（　　　）
□④ 大きな荷物を抱かえる。（　　　）

漢字3（1）

□⑤ 迷惑をかけたことを謝まる。（　　　）
□⑥ 泣いている少女を慰さめる。（　　　）

3 次の各組の漢字に、ある共通の部首を付け加えると別の漢字になります。その部首のよび名を平仮名で書きなさい。

漢字3（1）

□① 更・既・行・喬（　　　）
□② 尉・因・台・相（　　　）
□③ 午・全・式・乍（　　　）
□④ 義・寺・生・勿（　　　）

4 次の各組の□に共通して当てはまる漢字を書きなさい。

漢字3（1）

□① (1) 応募葉書に□名を忘れずに書く。
(2) 地域の□子たちが□神様をまつる。　□

□② (1) 町を発展させるための□策を講ずる。
(2) けがの応急処置を□す。　□

□③ (1) 暴力を振るうなど□語道断だ。
(2) この歌詞は、□葉の力を実感できる。　□

□④ (1) 勝負に勝って、賞金を獲□する。
(2) でき□る限りの努力をする。　□

5 次の熟語の読み方になっているものを後から二つずつ選び、書き入れなさい。

漢字3（1）

□① 訓＋訓（　　　）（　　　）
□② 音＋音（　　　）（　　　）
□③ 重箱読み（　　　）（　　　）
□④ 湯桶（ゆとう）読み（　　　）（　　　）

戦慄	野宿	額縁	豚肉	橋桁	玩具	素直	血眼

基本ドリル 2

7 価値を生み出す／読書に親しむ

解答 110ページ

学習日 ／ ／

1 次の漢字の読み方を書きなさい。

漢字3（2）

① 庭で竹刀を振るう。
② 老舗の和菓子屋で買う。
③ 凸凹の道を走る。
④ 庭の雑草対策に砂利をまく。
⑤ 明治時代の廃藩置県。
⑥ 外科手術が成功する。
⑦ 近畿地方へ遊びに行く。
⑧ 他店で武者修行する。
⑨ ライバルを目の敵にする。
⑩ 親のあだを討つ時代劇。
⑪ 災い転じて福となす。
⑫ 郷に入っては郷に従え。
⑬ 準備が遅い子の尻をたたく。
⑭ 一方的な勝ち戦となる。
⑮ 古い銭を手に入れる。

漢字に親しもう5

⑯ 暫定で一位を守る。
⑰ 強国が小さな国を征服する。
⑱ 鍛錬を重ねて強くなる。
⑲ 座禅を組んで精神統一する。
⑳ 木陰に蚊柱が立つ。
㉑ 鮮やかな朱色の鳥居。
㉒ 渋柿を軒下につるす。
㉓ 江戸時代の瓦版を見る。
㉔ 石碑に書かれた文字を読む。
㉕ 正確な建坪を記録する。
㉖ 有名な邦楽を歌う。
㉗ 粘土で塑像を作る。
㉘ 会社の信用が失墜する。
㉙ 堕落した生活を送る。
㉚ 心理的な垣根が低い。
㉛ 絶対に忘恩の徒とならない。
㉜ 美しい花園を案内する。
㉝ 「今昔物語集」の写本を見る。
㉞ 必要な道具を貸与する。
㉟ 池に石を投げて深浅を測る。

エルサルバドルの少女 ヘスース

㊱ 経済の格差是正を求める。
㊲ 凄惨な光景が広がる。
㊳ 一張羅のスーツを着る。
㊴ 定年で会社を辞める。
㊵ 時代に翻弄される人々。
㊶ 筆記用具を弄ぶ。

紛争地の看護師／本の世界を広げよう

□㊷ 残酷な運命に立ち向かう。
□㊸ 子犬の行方を捜す。

㊷（　　）㊸（　　）

2 次の各組の熟語と構成が同じものを後から選び、書きなさい。

漢字に親しもう5

□① 栄枯・主従・美醜・是非（　　）
□② 忘恩・着陸・迫真・点火（　　）
□③ 雄姿・洋画・互助・握力（　　）
□④ 身体・汚濁・援助・尋問（　　）
□⑤ 頭痛・日没・国立・地震（　　）

退路　水槽　引率　今昔　円高

3 次の熟語と音訓の組み合わせの同じものを後から選び、記号で答えなさい。

漢字に親しもう5

□① 蚊柱（　）　□② 茶臼（　）
□③ 征伐（　）　□④ 瓦版（　）
□⑤ 邦楽（　）　□⑥ 筋道（　）

ア 歩幅　イ 同僚　ウ 値段　エ 花園

4 次の漢字が共通してもつ部分が表す意味を後から選び、記号で答えなさい。

漢字に親しもう5

□① 墜　塑　垣　坑　圧（　）
□② 貪　賄　購　貢　貴（　）

ア お金・財産　イ 言葉　ウ 目　エ 土

5 次の意味の語句を後から選び、書きなさい。

漢字に親しもう5

□① 少しずつ。だんだん。しだいに。（　　）
□② 発想などが目あたらしくて、珍しい様子。（　　）
□③ しばらくの間、仮に決めておくこと。（　　）

エルサルバドルの少女 ヘスース

□④ 必要なお金を、やり繰りして集めること。（　　）
□⑤ 一生懸命に励み努力する。（　　）

紛争地の看護師

□⑥ わざと聞かないようにする。（　　）

暫定　斬新　漸次　陳謝　是正　工面
翻弄　精を出す　目を覆う　耳を塞ぐ

確認ドリル 2

7 価値を生み出す／読書に親しむ

解答 110ページ

学習日 ／ ／

1 次の片仮名を漢字で書きなさい。

漢字3 (2)

① ゲカ医の治療を受ける。
② 結末はシリすぼみだった。
③ ワザワいの元を絶つ。
④ 親のカタキを取る。
⑤ 寺でシュギョウする。
⑥ 創業三百年のシニセ旅館。
⑦ 盗賊をウち滅ぼす。
⑧ キンキ地方の観光名所。
⑨ 剣道のシナイを用意する。
⑩ 安物買いのゼニ失い。
⑪ イクサ続きの時代があった。
⑫ 駐車場にジャリを敷く。
⑬ キンゴウ近在の人々。
⑭ 表面がデコボコの板を使う。
⑮ ハンシュが江戸に赴く。

漢字に親しもう5

⑯ 屋根のカワラを修理する。
⑰ 寺でザゼンを体験する。
⑱ 力に刺されないようにする。
⑲ 隣国をセイフクする。

⑳ ソゾウをデッサンする。
㉑ 海のシンセンを記録する。
㉒ 猫がカキネを跳び越える。
㉓ シュイロの絵の具で塗る。
㉔ 家の横にツボニワを造る。
㉕ ホウガクを好んで聴く。
㉖ 美しいハナゾノに見とれる。
㉗ 「コンジャク物語集」を読む。
㉘ 著名な作家のセキヒが立つ。
㉙ カキの実がなる。
㉚ ダラクした世の中を嘆く。
㉛ ボウオンの徒を嫌う。
㉜ 人工衛星がツイラクする。
㉝ 奨学金がタイヨされる。
㉞ 精神をタンレンする。
㉟ ザンジ休暇を取る。

エルサルバドルの少女 ヘスース

㊱ セイゼツな体験を語る。
㊲ 仕事をヤめて上京する。
㊳ 無味乾燥な数字のラレツ。
㊴ 経済格差をゼセイする。
㊵ 言葉をモテアソぶ。
㊶ ライバルにホンロウされる。

①	②
③	④
⑤	⑥
⑦	⑧
⑨	⑩
⑪	⑫
⑬	⑭
⑮	
⑯	⑰
⑱	⑲
⑳	㉑
㉒	㉓
㉔	㉕
㉖	㉗
㉘	㉙
㉚	㉛
㉜	㉝
㉞	㉟
㊱	㊲
㊳	㊴
㊵	㊶

紛争地の看護師／本の世界を広げよう

□㊷ ザンコクな領主を追放する。

□㊸ 犯人がユクエをくらます。

㊷［　　］ ㊸［　　］

2 次の熟語の特別な読み方（熟字訓）を書きなさい。 漢字3（2）

□① 名残（　　） □② 竹刀（　　）

□③ 砂利（　　） □④ 足袋（　　）

3 次の□に合う言葉を下から選び、四字熟語を作りなさい。 漢字3（2）

□① 武者□□ □② □□引力

□③ 感慨□□ □④ 順風□□

万有　満帆　無量　修行

4 次の――線のことわざ・故事成語の使い方について、正しいものには○を、誤っているものには×を書きなさい。 漢字3（2）

□① 郷に入っては郷に従えの言葉どおり、まずは部の方針どおりに活動していこうと思う。（　）

□② この時代劇は、江戸の敵を長崎で討つとばかりに、どこまでも親の敵を追いかける子供が主人公である。（　）

□③ 枯れ木も山のにぎわいといいますからね。私でよければ、ぜひ参加させてください。（　）

5 次の事柄を表すのに適した慣用句・ことわざ・故事成語を後から選び、記号で答えなさい。 漢字3（2）

□① 彼とは十年来の付き合いだから、言いたいことも言えるし、遠慮なく付き合えるんだ。（　）

□② 十二時を回ったけど、話し合いはまだまだ長引きそうだから、先に昼食の時間にしたほうがよさそうですね。（　）

□③ 宿題を三回連続で忘れたとなれば、先生からきつく叱られても仕方がないよ。（　）

□④ 道具なんてバーゲン品で十分と思って一式そろえたけど、結局すぐに壊れてしまったな。（　）

ア　安物買いの銭失い　　イ　腹が減っては戦ができぬ
ウ　気が置けない　　エ　身から出たさび

6 次の□に当てはまる漢字を下から選び、書き入れなさい。 漢字に親しもう5

□① 家族の□像画を描く。【肖・消】

□② ぜいたくに慣れて□落する。【堕・惰】

□③ □定的な措置を施す。【斬・暫】

□④ 荷物を車で□送する。【般・搬】

□⑤ 主人公は鬼の□伐に行く。【征・政】

8 未来へ向かって

教科書 196▼208 ページ

温かいスープ

教科書 196▼199 ページ

重要な語句　◆は教科書中にある「注意する語句」

196ページ

- ◆7 **独善（的）**　自分だけが正しいと思い込む様子。文彼の考え方は独善的すぎる。

197ページ

- 6 **平　生**　普段。いつも。類平素・平常
- 10 **生っ粋**　（ここでは）混じりけがなく、純粋なこと。
- 11 **切り盛り**　物事をてきぱきと処理すること。
- 14 **金詰まり**　金銭のやりくりができなくなること。お金がなくなること。
- 16 **値の張る**　値段が高い。高価である。

198ページ

- 2 **勘　定**　（ここでは）代金を支払うこと。
- 16 **ひもじい**　腹が減っている。空腹である。
- ◆17 **気取られる**　表情やしぐさから気づかれる。感づかれる。文心の悲しみを気取られぬように、元気に振る舞う。

199ページ

- 7 **行きずり**　（ここでは）つき合いなどが一時的であること。
- ◆7 **口ごもる**　ためらってすらすら言えないようになる。文急な質問に、思わず口ごもる。
- 10 **基　調**　根底にある基本的な考え方。

わたしを束ねないで

教科書 200▼203 ページ

新出漢字

漢字	読み方	部首	画数	筆順	用例
P200 穂	（スイ）ほ	禾 のぎへん	15画	禾 利 和 和 種 穂	イネが出穂期を迎える。風で稲穂が揺れる。腰をかがめ落ち穂を拾う。
P201 昆	コン	日 ひ	8画	口 日 旦 昆 昆 昆	昆布でだしをとる。山で昆虫を捕まえる。

重要な語句

200ページ

- 5 **胸を焦がす**　あれこれ考えて思い悩む。

201ページ

- 5 **こやみない**　ほんのしばらくの間もやまない。
- 5 **かいさぐる**　手探りする。
- 11 **とほうもない**　並外れている。とんでもない。

202ページ

- 3 **しつらえる**　設け整える。用意する。
- 10 **けりをつける**　終わりにする。決着をつける。文嫌なことには、早くけりをつけたいものだ。

基本ドリル 1

解答 110ページ

学習日 ／ ／

1 次の漢字の読み方を書きなさい。

わたしを束ねないで

□① 稲穂が頭（こうべ）を垂れる。

□② 昆虫を採集する。

2 次の――線の漢字の読み方を書きなさい。

温かいスープ

□ (1) 平生の努力が実を結ぶ。

(2) 彼は生っ粋の江戸っ子だ。

3 次の――線の語句の意味を後から選び、記号で答えなさい。

温かいスープ

□① 秘密裏に運んでいた計画を気取られる。（　　）

□② うまく説明する自信がなくて口ごもる。（　　）

□③ 彼は独善的で、人の意見をまったく聞こうとしない。（　　）

わたしを束ねないで

□④ この勉強机は父がしつらえてくれた。（　　）

□⑤ 暗闇の中をかいさぐる。（　　）

ア 設け整える。用意する。
イ 手探りする。
ウ ためらってすらすら言えないようになる。
エ 表情やしぐさからきづかれる。感づかれる。
オ 自分だけが正しいと思い込む様子。

確認ドリル 1

解答 110ページ

学習日 ／ ／

1 次の片仮名を漢字で書きなさい。

わたしを束ねないで

□① イナホが黄金色に輝く。

□② コンブを砂浜に干す。

2 次の□に当てはまる漢字を下から選び、書き入れなさい。

温かいスープ

□① □しい人に巡り合う。【易・優】

□② 生徒会の役員を□める。【勤・務】

□③ 資料を無□で提供する。【償・賞】

□④ 東京の北□、東経を調べる。【緯・偉】

3 次の――線の語句の送り仮名が正しい場合は○、間違っている場合は正しく書き直しなさい。

わたしを束ねないで

□① 食塩水を水で薄める。（　　）

□② 部屋の窓から遠くを見渡たす。（　　）

□③ 物語のヒーローに胸を焦す。（　　）

学習を広げる

教科書 232▼287 ページ

学習日 ／ ／

高瀬舟（たかせぶね）

教科書 246▼258 ページ

重要な語句

246ページ

上2 **遠島**（えんとう） 江戸時代の刑罰の一つ。罪人を遠い島などに送る刑罰。島流し。

上3 **いとまごい** （ここでは）別れの挨拶。

上7 **慣例** 決まって行われて、習慣化したこと。

上14 **心得違い** 考え違い。誤解。
文わずかな心得違いで、もめ事が起こる。

上15 **ありふれる** ごく普通の。少しも珍しくない。

下6 **繰り言** 繰り返して言うぐち。泣き言。

下8 **所詮**（しょせん） 結局。つまり。
文所詮、かなわぬ夢だった。

下9 **表向き** うわべ。表面。（ここでは）公式的な。

下14 **気色**（けしき） （ここでは）気持ちが顔色に表れた様子。顔色。

247ページ

上1 **不覚** （ここでは）思わずそうなってしまうこと。

上2 **禁じ得ぬ** （＝禁じ得ない） 我慢できない。抑えられない。

上15 **痩せ肉**（じし） 肉が落ちて細くなってしまった体。

上17 **公儀** （ここでは）幕府。

上19 **温順** 素直でおとなしい様子。

下1 **挙動** 立ち居振る舞い。なにげない動作。

下16 **気兼ね** 他人に気を遣うこと。遠慮すること。

下19 **宰領** 世話や監督をすること。

249ページ

上9 **つじつま** 物事の筋や道理のこと。
文彼の話はつじつまが合わない。

上16 **居ずまい** 座っている姿勢。

下15 **慈悲** （ここでは）あわれみ。情けをかけること。

下16 **よしや** もしかして。仮に。たとえ。

250ページ

上8 **おきて** 規則、法令。

上10 **お足** （ここでは）お金のこと。

上13 **骨を惜しむ** 働くのを嫌がる。怠ける。
関骨を折る 苦労する。人の面倒を見る。
関骨を埋める その場所で一生を終える。

上16 **工面** （ここでは）お金のやりくり、金回り。

下9 **意表** 思いもしないこと。意外。
関意表を突く 思いもしないことをする。

下20 **ややもすれば** そうなりがちな様子。どうかすると。

下21 **勘定** （ここでは）生活するのに必要なお金。

251ページ

上1 **帳尻**（ちょうじり）**を合わせる** 帳尻は、帳簿の最後の部分。最後にどうにかつじつまを合わせる。
文年末決算の帳尻を合わせる。

上6 **穴を埋める** 不足や損失を補う。

上8おりおり　時々。

下9懸　隔　へだたり。かけ離れていること。

下18頭をもたげる　隠れていた考えや気持ちが頭に浮かんでくる。
文不吉な考えが頭をもたげる。

下20係　累　（ここでは）年老いた親や幼い子供など、世話をしなければならない家族たちのこと。

252ページ

21不穏当（ふおんとう）　適切でないこと。支障があること。

253ページ

上7あやめる　人を殺す。傷つける。

254ページ

上21途方に暮れる　どうしたらよいかわからなくなる。

下2目がものを言う　目つきや目くばせで気持ちが伝わる。

255ページ

上18条理が立つ　物事の筋道が通っている。

下20腑（ふ）**に落ちぬ**　（＝腑に落ちない）納得できない。

アラスカとの出会い

教科書 263▼268 ページ

重要な語句

263ページ

上2圏　「圏」は語句の後につき、限られた区域や範囲を示す。
文首都圏の交通網を整備する。

上7権　威　（ここでは）その方面で最も優れていると、一般に認められていること。
文細菌学の権威といわれる教授が論文を発表する。

上11記憶の鐘　（ここでは）記憶を鐘になぞらえ、名前がきっかけで記憶が呼び覚まされていく様子を表した表現。

下8募　る　（ここでは）増す。高まる。「気持ちが募る」で思いがますます強くなる。

下9皆　無　全く何もないこと。一つもないこと。
文成功する可能性は皆無だ。

下11洋　書　欧米（おうべい）など外国で出版された本、書籍。対和書

264ページ

1まみれる　何かが付いて一面を覆った状態になる様子。（ここでは）「手あかにまみれる」で手あかが付いて本が汚れるほど何度も読み返すことを意味する。

7すだれ　細い竹・アシなどを並べ、糸で編んで連ねたもの。

8たたずむ　じっと立っている。その場所にいる。
文人混みを避けて、公園のベンチのそばにたたずむ。

13荒　涼　ひどく荒れ果てて、寂しい様子。
文荒涼とした原野を開拓する。

18団欒（だんらん）　家族など、親しい者同士が集まって、和やかに楽しむこと。

265ページ

4集　落　家が集まっているところ。類村落

16拙　い　（ここでは）物事に習熟していなくて、下手である。

266ページ

3人　手　（ここでは）働く人。働き手。

10強　烈　極めて強く激しい様子。

11沈澱（ちんでん）　液体の中に混じったものが底に沈んでたまること。（ここでは）個々の体験が心の底に蓄積されること。

13空　撮　空中から、写真、映像などを撮影すること。

14 多様性　形やあり方が一つではなく、さまざまである様子。

20 矢のように　（ここでは）弓矢が飛んでいくように、時間が早く過ぎていく様子。類光陰矢のごとし

21 未　踏　まだ誰も足を踏み入れていないこと。文前人未踏の山に挑戦する。

267ページ

2 氷　河　高山の雪が氷の河のようになって、流れ下るもの。

2 きしむ　ものがこすれあってぎしぎし音を立てる。文古い家の床がきしむ。

8 根を下ろす　樹木が根を張るように、しっかりと定着する。文東京を去り、北海道に根を下ろす。

12 合わせ鏡　自分には見えない後ろ姿を見るために、後ろの鏡に映ったその姿を前の鏡に映し出すこと。また、そうした場合に使う鏡。姿が何重にも映ることを指す。

13 無　数　数えきれないくらい多くあること。対有数　数が少なくて際立っていること。

13 偶　然　予想もできず、たまたまそうなること。対必然

268ページ

上2 いきさつ　そうなるまでの経過や、それに伴う事情。

上3 耳を傾ける　集中して熱心に相手の話を聞く。

下1 後　悔　済んでしまったことを、後になって悔やむこと。

下2 初　老　老人になりかけた年頃。

下4 からくり　（ここでは）いろいろなしかけや偶然のたくらみ。

下6 根源（的）　おおもとの。根本の。

古典芸能の世界――歌舞伎（かぶき）・浄瑠璃（じょうるり）

教科書 270▼271 ページ

特別な読み方をする語

271 三味線【しゃみせん】

重要な語句

270ページ

下3 演　目　上演される劇や芝居の題名。

下13 扮（ふん）　装（そう）　役者が、その役柄らしい身なりや顔を作ること。

下18 様式化　長い期間を経て物事が単純化・類型化し、ある特性をもったものに決まってくること。

下18 誇（こ）　張（ちょう）　実際よりも大げさな表現をすること。

271ページ

上15 人気を博する　（ここでは）人気を獲得する。

上18 全盛期　力や人気などが、いちばん盛んな状態にある期間。類最盛期

下5 しのぐ　（ここでは）程度などが他より勝る。文近年のサッカー人気は、野球をしのぐ勢いである。

下8 操　る　（ここでは）ものを動かして操作する。文マジシャンがトランプを鮮やかに操る。

語彙を豊かに――見方や考え方を表す言葉、慣用句・ことわざ・四字熟語・故事成語

教科書 284▼285 ページ

特別な読み方をする語

285 固唾【かたず】

常用漢字表について

教科書 286▼287 ページ

新出漢字

漢字	読み方	部首	画数	筆順	用例
P286 斗	ト	斗 とます	4画	、 ⺀ ⺀ 斗	**斗**は昔の容積の単位だ。一**斗**缶に入った塗料。夜空に**北斗七星**が輝く。
P286 升	ショウ ます	十 じゅう	4画	ノ 丿 チ 升	一**升**の米を炊く。芝居小屋の**升席**に座る。原稿用紙の**升目**を埋める。
P286 斤	キン	斤 きん	4画	ノ 厂 斤 斤	**斤**は昔の重さの単位だ。一**斤**は約六百グラムだ。馬の**斤**量を量る。
P286 厘	リン	厂 がんだれ	9画	厂 厂 后 戸 厘	**厘**は昔の通貨や数の単位だ。成功は**九分九厘**確実だ。
P286 壱	イチ	士 さむらい	7画	一 十 士 声 壱	**壱**は一と同じ意味をもつ。領収書に金**壱**万円と書く。
P286 弐	ニ	弋 しきがまえ よく	6画	一 二 弍 弐 弐	**弐**は二の意味だ。請求書に金**弐**万円と書く。
P286 朕	チン	月 つきへん	10画	月 月' 月'' 胖 胅 朕	皇帝は自らを朕と呼ぶ。

漢字	読み方	部首	画数	筆順	用例
P286 妃	ヒ	女 おんなへん	6画	く 女 女 女7 妃 妃	皇太子**妃**が来訪される。王**妃**の物語を読む。**妃殿下**のお言葉を聴く。
P286 侯	コウ	亻 にんべん	9画	亻 仁 伊 侯 侯	王**侯**の華やかな生活。諸**侯**が各地を支配する。
P286 爵	シャク	爫 つめかんむり	17画	一 爫 爫 爵 爵 爵	元男**爵**の家柄に生まれる。伯**爵**が主人公の映画。**爵**位を授かる。
P286 璽	ジ	玉 たま	19画	币 币 爾 爾 璽 璽	天皇の印を玉**璽**という。国家の印としての国**璽**。
P286 戴	タイ	戈 ほこがまえ ほこづくり	17画	土 击 車 戴 戴 戴	**戴冠**の儀式に臨席する。**不倶**(ふぐ)**戴天**の敵が現れる。祝いの品を頂**戴**する。
P286 詔	ショウ (みことのり)	言 ごんべん	12画	言 言 訂 詔 詔 詔	天皇が**詔書**で公示される。天皇の**詔**(みことのり)を賜る。
P286 勅	チョク	力 ちから	9画	白 申 束 束 勅 勅	外国からの**勅使**が来訪する。天皇が詔**勅**を発する。天皇の**勅命**を受ける。
P286 且	かつ	一 いち	5画	丨 冂 月 目 且	必要**且つ**十分な条件。勉強し**且つ**遊ぶ。
P286 但	ただし	亻 にんべん	7画	亻 仆 们 但 但 但	文章に**但し**書きを加える。外出自由。**但し**制服着用。

P286	P286	P286	P286	P286	P286	P286	P286	P286
曹	款	赦	附	嫡	嗣	抄	窃	拐
ソウ	カン	シャ	フ	チャク	シ	ショウ	セツ	カイ
日 ひらび いわく	欠 あくび かける けんづくり	赤 あか	阝 こざとへん	女 おんなへん	口 くち	扌 てへん	穴 あなかんむり	扌 てへん
11画	12画	11画	8画	14画	13画	7画	9画	8画
冂 冊 曲 曲 曹 曹	士 圭 幸 款 款	土 赤 赤 赦 赦	阝 阝 阝 附 附	女 妒 妒 嫡 嫡	口 吊 吊 嗣 嗣	十 扌 扌 扌 扌 抄	宀 穴 空 窃 窃 窃	一 十 扌 扣 拐 拐
法曹の世界で活躍する。**鬼軍曹**として恐れられる。掃除に**重曹**を使う。	会社の**定款**を読む。会則の**約款**を改定する。作品に**落款**を押す。	**容赦**せずに攻め立てる。国の祝い事で**恩赦**になる。	施設に本を**寄附**する。大学**附属**中学校へ入学する。会則に**附則**を加える。	あの武将は源氏の**嫡流**だ。**嫡子**の誕生を祝う。	家を継ぐ**嗣子**の誕生。長男を**後嗣**に決める。	戸籍**抄本**を役所に請求する。外国の論文を**抄訳**する。会議の内容を**抄録**する。	**窃盗**で被害届を出す。売り上げを**窃取**される。	子供を**誘拐**から守る。公金を**拐帯**する。

P286	P286	P286	P286	P286	P286	P286	P286	P286
毀	錮	尉	帥	咽	腺	痘	痢	妊
キ	コ	イ	スイ	イン	セン	トウ	リ	ニン
殳 るまた ほこづくり	金 かねへん	寸 すん	巾 はば	口 くちへん	月 にくづき	疒 やまいだれ	疒 やまいだれ	女 おんなへん
13画	16画	11画	9画	9画	13画	12画	12画	7画
亻 ㇐ 臼 臼 皇 毀	金 釗 釦 鈤 錮 錮	コ 尸 尸 尉 尉 尉	亻 户 户 自 帥 帥	口 叮 叩 咽 咽 咽	月 肸 胂 腺 腺 腺	广 疒 疒 痘 痘 痘	广 疒 疒 疒 痢 痢	𡿨 女 女 奷 妊 妊
名誉を**毀損**する。**毀誉褒貶**(ほうへん)を顧みない。	**禁錮**三年に処する。	**大尉**に昇進する。**尉官**として仕事をする。陸軍の**少尉**になる。	**元帥**の命令に従う。軍隊を**統帥**する。**総帥**が軍を指揮する。	**咽喉**の渇きを潤す。**耳鼻咽喉科**(じび)を受診する。**咽頭**が腫(は)れる。	**汗腺**から汗を分泌する。年を取って**涙腺**が緩む。**リンパ腺**が腫れる。	**種痘**は中止された。**水痘**の患者は子供に多い。**天然痘**を根絶する。	**赤痢**は怖い病気である。**下痢**を抑える薬を飲む。	皇太子妃(ひ)のご**懐妊**。**妊婦**に席を譲る。

参照	漢字	読み	部首	画数	例文
P286	娠	シン	女 おんなへん	10画	最初の子を**妊娠**する。
P286	拷	ゴウ	扌 てへん	9画	**拷問**を禁止する。
P286	屯	トン	屮 てつ	4画	自衛隊が**駐屯**する。 昔、**屯田兵**制度があった。
P286	虜	リョ	虍 とらがしら とらかんむり	13画	敵の**捕虜**になる。 **虜囚**(しゅう)の身となる。
P286	盲	モウ	目 め	8画	**盲点**を突いた攻撃をする。 **盲腸**をわずらって入院する。 **盲導犬**を育成する。
P286	斥	セキ	斤 きん	5画	不良商品を**排斥**する。 **斥候**が敵の様子を探る。 二つの物体に**斥力**が働く。
P286	矯	キョウ (ためる)	矢 やへん	17画	歯並びを**矯正**する。 **奇矯**な振る舞いをする。 盆栽の枝を**矯**(た)**める**。
P286	硝	ショウ	石 いしへん	12画	**硝石**は火薬の原料になる。 着衣の**硝煙反応**を調べる。 **硝酸**には発煙性がある。
P286	蛮	バン	虫 むし	12画	**南蛮渡来**の貴重な品。 大改革に**蛮勇**を振るう。 戦争は**野蛮**な行為だ。

参照	漢字	読み	部首	画数	例文
P286	貞	テイ	貝 かい こがい	9画	**貞節**を守り人生を送る。 **貞潔**な女性を賛美する。
P286	淑	シュク	氵 さんずい	11画	**貞淑**な妻としての生涯。 **淑女**の心得。 ひそかに**私淑**する画家。
P286	痴	チ	疒 やまいだれ	13画	彼は**愚痴**を言わない人だ。 **音痴**なので歌は苦手だ。
P286	逓	テイ	辶 しんにょう しんにゅう	10画	人口が**逓減**している。 昔、**逓信**を扱う省があった。 売り上げが**逓増**する。
P286	隻	セキ	隹 ふるとり	10画	**一隻**の船が出港する。 **片言隻語**も聞き漏らさない。
P286	翁	オウ	羽 はね	10画	**老翁**に昔の話を聞く。 福沢諭吉(ふくざわゆきち)を**福翁**と呼ぶ。
P286	叔	シュク	又 また	8画	**叔父**に贈り物をする。 **叔母**はとても明るい人だ。
P286	婆	バ	女 おんな	11画	**老婆**が昔話を語る。 **産婆**が出産に立ち会う。 **老婆心**から発言する。
P286	奴	ド	女 おんなへん	5画	封建時代には**農奴**がいた。 **奴隷**を解放する。

ページ	漢字	読み	部首	部首名	画数	筆順	用例
P286	孔	コウ	子	こへん	4画	㇇ 了 子 孔	葉の裏には気**孔**がある。鼻**孔**を膨らませる。眼**孔**の大きな人。
P286	糧	リョウ（ロウ）（かて）	米	こめへん	18画	半 米 粐 粮 糧 糧	食**糧**を確保する。兵**糧**（ひょうろう）が尽きる。趣味を心の**糧**（かて）とする。
P286	虞	おそれ	虍	とらがしら とらかんむり	13画	⺊ 广 虍 虐 虞	遭難の**虞**がある。
P286	塚	つか	土	つちへん	12画	土 圹 圬 坾 塚	あの小さな**塚**は古墳である。貝**塚**の発掘調査をする。改革の一里**塚**を越える。
P286	尼	（ニ）あま	尸	しかばね かばね	5画	㇕ コ 尸 尸 尼	**尼**僧（にそう）に会いに行く。**尼**を訪ねて法話を聴く。
P286	丙	ヘイ	一	いち	5画	一 丆 冂 丙 丙	**丙**は物事の三番目だ。甲乙**丙**丁と数える。
P286	〈淫〉淫	イン（みだら）	氵	さんずい	11画	氵 汇 沪 浮 淫	邪**淫**は許さない。**淫**（みだ）らな振る舞いを注意する。
P286	韓	カン	韋	なめしがわ	18画	𠦝 卓 韓 韓 韓	大**韓**民国へ旅行する。**韓**国の名産品を買う。
P286	憬	ケイ	忄	りっしんべん	15画	忄 忄 悍 憬 憬 憬	南欧に憧**憬**の念を抱く。

ページ	漢字	読み	部首	部首名	画数	筆順	用例
P287	舷	ゲン	舟	ふねへん	11画	舟 舟 舡 舷 舷 舷	右**舷**にかじを切る。港に**舷**側をつける。
P287	醒	セイ	酉	ひよみのとり とりへん	16画	酉 酉 酙 醒 醒 醒	昏睡（こんすい）状態から覚**醒**する。半**醒**半睡のまま起き上がる。
P287	踪	ソウ	足	あしへん	15画	𧾷 跁 跎 踪 踪	失**踪**した男の行方（ゆくえ）を捜す。
P287	酎	チュウ	酉	ひよみのとり とりへん	10画	冂 西 酉 酌 酎 酎	父は焼**酎**が好きだ。
P287	妖	ヨウ あやしい	女	おんなへん	7画	女 女 女 妊 妖 妖	昔話に登場する**妖**怪。**妖**精の物語を読む。**妖**しく光る目つき。
P287	拉	ラ	扌	てへん	8画	扌 扌 扩 扴 拉	何者かに**拉**致される。
P287	賂	ロ	貝	かいへん	13画	目 貝 貝 貶 賂	賄**賂**を受け取る。
P287	畝	うね	田	た	10画	亠 亩 亩 畂 畝	畑の**畝**に種をまく。
P287	〈賭〉賭	（ト）かける	貝	かいへん	15画	貝 貯 貯 賭 賭	**賭**場（とば）に出かける。**賭**け事に夢中になる。

ページ	漢字	読み	部首	画数	筆順	用例
P287	弥	や	弓 ゆみへん	8画	弓 弘 弥 弥 弥 弥	弥生(やよい)は陰暦の三月に当たる。
P287	瑠	ル	王 おうへん たまへん	14画	王 玎 玐 瑠 瑠	瑠璃色(り)のガラス。
P287	璃	リ	王 おうへん たまへん	14画	王 玗 玹 瑀 璃 璃	瑠璃の花入れを買う。人形浄瑠璃の脚本。
P287	刹	(サツ) セツ	刂 りっとう	8画	ノ メ 斧 杀 刹 刹	この寺は京都一の古刹(こさつ)だ。刹那の楽しみを求める。刹那的な生き方を敬遠する。
P287	艦	カン	舟 ふねへん	21画	舟 舡 艦 艦 艦 艦	戦艦大和(やまと)の物語を読む。あれが有名な艦船だ。連合艦隊を率いる。
P287	艇	テイ	舟 ふねへん	13画	舟 舟 舟 舟 舟 艇	一艇身の差がつく。上陸用の舟艇。艦艇が入港する。
P287	儒	ジュ	亻 にんべん	16画	亻 俨 儒 儒 儒 儒	儒学の歴史を知る。儒教は孔子(こうし)の教えである。儒者として道を説く。
P287	囚	シュウ	囗 くにがまえ	5画	丨 冂 冈 囚 囚	囚人として刑務所に入る。厳重に警備された囚獄。
P287	殉	ジュン	歹 がつへん かばねへん	10画	一 歹 歹 殉 殉 殉	火災現場で殉職する。殉教者としての生涯。祖国に殉じた人々の墓地。
P287	逝	セイ (ゆく) (いく)	辶 しんにょう しんにゅう	10画	扌 扩 折 浙 逝 逝	小学校の恩師が逝去された。祖父が惜しまれつつ逝(ゆ)く。年若く逝(い)った友を思う。

特別な読み方をする語

287 弥生【やよい】
287 海原【うなばら】
287 浮つく【うわつく】
287 伯母【おば】
287 為替【かわせ】
287 五月【さつき】
287 芝生【しばふ】
287 立ち退く【たちのく】
287 若人【わこうど】
287 意気地【いくじ】
287 乳母【うば】
287 叔母【おば】
287 お巡りさん【おまわりさん】
287 早乙女【さおとめ】
287 早苗【さなえ】
287 草履【ぞうり】
287 波止場【はとば】

重要な語句

286ページ

上15 **朕** 皇帝や天皇などが自分のことを表す一人称。
下4 **約款** 法令、条約、契約など取り決めの条項。

287ページ

上4 **逝去** 人の死を敬って言う言葉。
上10 **意気地** 自分の思っていることをやり通そうとする気力。
上11 **叔母** 父母の妹。
上11 **伯母** 父母の姉。
上12 **為替** 小切手などでお金の受け渡しをする方法。
上12 **早乙女** 田植えをする若い娘。
上13 **波止場** 船着き場や港のこと。

基本ドリル 1

★学習を広げる

解答 111ページ

学習日 ／ ／

1 次の漢字の読み方を書きなさい。

古典芸能の世界

□① 三味線を弾く。

語彙を豊かに

□② 固唾をのんで結果を待つ。

常用漢字表について（1）

□③ 石油を一斗買う。
□④ 一升は約一・八リットル。
□⑤ 原稿用紙の升目を数える。
□⑥ パンを一斤焼く。
□⑦ 一分一厘の狂いもない。
□⑧ 領収書に金壱万円と記す。
□⑨ 金弐万円を支払う。
□⑩ 皇帝は自らを朕と呼ぶ。
□⑪ 皇太子妃が出席される。
□⑫ 王侯がパーティーを催す。
□⑬ 彼は有名な伯爵の親族だ。
□⑭ 天皇の印を玉璽と呼ぶ。
□⑮ 戴冠の儀が執り行われる。
□⑯ 天皇が詔勅を発する。
□⑰ おいしく且つ健康的な料理。
□⑱ 秋祭り開催。但し雨天中止。
□⑲ 法曹の理念を掲げる。
□⑳ 保険の約款を読む。
□㉑ 恩赦の対象者を決める。
□㉒ 福祉団体に寄附する。
□㉓ 藤原（ふじわら）氏嫡流の家柄。
□㉔ 嗣子の誕生を祝う。
□㉕ 戸籍抄本が必要になる。
□㉖ 窃盗の容疑者が捕まる。
□㉗ 誘拐を未然に防ぐ。
□㉘ 商品を毀損する。
□㉙ 禁錮五年の実刑判決。
□㉚ 海軍の少尉になる。
□㉛ 元帥の命令を伝える。
□㉜ 咽喉が痛む。
□㉝ 汗腺から汗が分泌される。
□㉞ 種痘が廃止された。
□㉟ 赤痢の感染者数が減る。
□㊱ 姉の妊娠を家族で喜ぶ。
□㊲ 拷問は許されない。
□㊳ 自衛隊が基地に駐屯する。
□㊴ 虜囚（しゅう）として捕らえられる。
□㊵ 対戦相手の盲点を突く。
□㊶ 他人の意見を排斥しない。
□㊷ 発音を矯正する。

2 次の（　）に当てはまる語句を下から選び、書き入れなさい。

高瀬舟

□① 人生とは（　　　　）におもしろい。【非常・非情】

□② 私の胸の内を（　　　　）。【明かす・空かす】

3 次の文の各組の□には同じ漢字が当てはまります。当てはまる漢字を後から選び、書き入れなさい。

高瀬舟

□① ・現金を出□する。 ・会費を□める。

□② ・学費を□面する。 ・□場で製作する。

アラスカとの出会い

□③ ・前人未□の地。 ・二の足を□む。

□④ ・懸賞に応□する。 ・希望者を□る。

古典芸能の世界

□⑤ ・衣□を着る。 ・猫に扮（ふん）□する。

踏	登	粧	装	暮
工	公	収	納	募

4 次の――線の語句の意味を後から選び、記号で答えなさい。

高瀬舟

□① その意見は、どうもつじつまが合っていない。（　）

□② どう対処していいか途方に暮れる。（　）

□③ 増大する歳出の穴を埋めるために方策を考える。（　）

アラスカとの出会い

□④ 合意するまでのいきさつを語る。（　）

□⑤ 文化の多様性を知ることが大切だ。（　）

□⑥ 桜の木の下で学生がたたずむ。（　）

古典芸能の世界

□⑦ 目撃したことを誇張して話す。（　）

□⑧ 明日は今日をしのぐ暑さになりそうだ。（　）

常用漢字表について（1）

□⑨ 約款の内容を説明してもらう。（　）

□⑩ 「朕は国家なり」とは、絶対王政を象徴する言葉である。（　）

ア　物事の筋や道理のこと。
イ　皇帝や天皇などが自分のことを表す一人称。
ウ　どうしたらよいかわからなくなる。
エ　不足や損失を補う。
オ　程度などが他より勝る。
カ　じっと立っている。その場所にいる。
キ　法令、条約、契約など取り決めの条項。
ク　そうなるまでの経過や、それに伴う事情。
ケ　形やあり方が一つではなく、さまざまである様子。
コ　実際よりも大げさな表現をすること。

確認ドリル 1 ★学習を広げる

解答 111ページ

学習日 ／ ／

1 次の片仮名を漢字で書きなさい。

古典芸能の世界

□① シャミセンを習う。

語彙を豊かに

□② カタズをのんで見守る。

常用漢字表について（1）

□③ 論文をショウヤクする。
□④ 金イチ万円也（なり）。
□⑤ 天皇の発するショウチョク。
□⑥ リンパセンの働き。
□⑦ 戸籍上のチャクシ。
□⑧ ヨウシャなく得点を重ねる。
□⑨ オウヒ主催の宮中茶会。
□⑩ 歯のキョウセイに通う。
□⑪ 空にホクトシチセイが輝く。
□⑫ 一キンの食パン。
□⑬ ユウカイ事件の犯人。
□⑭ ジュウソウで汚れを落とす。
□⑮ 米をイッショウ量る。
□⑯ 論理のモウテンを指摘する。
□⑰ オウコウ貴族の暮らし。
□⑱ ゴウモンは違法である。
□⑲ 九分九リン勝つ自信がある。
□⑳ ゲリ止めの薬を飲む。
□㉑ 迅速カつ正確な計算。
□㉒ キンコ刑に値する重罪。
□㉓ 某社の製品をハイセキする。
□㉔ 自衛隊のチュウトン地。
□㉕ ニ万円、と祝儀（しゅうぎ）袋に書く。
□㉖ ニンシンした女性を気遣う。
□㉗ テンネントウは撲滅された。
□㉘ ハクシャクの位を継ぐ。
□㉙ 空軍タイイになる。
□㉚ 大学のフゾク高校。
□㉛ 契約書のタダし書き。
□㉜ 相撲をマス席でみる。
□㉝ 名誉キソンで訴える。
□㉞ 外交文書にコクジを押す。
□㉟ 新国王のタイカン式。
□㊱ チンは皇帝の一人称だ。
□㊲ 念願のシシに恵まれる。
□㊳ 耳鼻（じび）インコウ科の病院。
□㊴ ホリョに対する人道的配慮。
□㊵ 契約のヤッカンに違反する。
□㊶ 海軍ゲンスイの地位に就く。
□㊷ セットウ犯が捕まる。

2 次の（　）に当てはまる漢字を後から選び、書き入れなさい。 高瀬舟（たかせぶね）

□① 漠然とした不安が（　　）をもたげる。

□② 目標達成のために、（　　）を惜しまず働く。

□③ 映画の主人公の境遇に、（　　）を痛める。

□④ 祖父は八十歳に（　　）の届く年だ。

□⑤ 口に出さなくても（　　）がものを言うからわかる。

□⑥ 友人からの質問に（　　）をつぐむ。

目　肩　頭　手　胸　骨　鼻　口

3 次の――線の漢字を、別の漢字（専門用語や領収書などで使われる漢字）で書きなさい。 常用漢字表について（1）

□① 災害復興のための寄付を募る。（　　）

□② 金一万円也と書いた紙包みを用意する。（　　）

□③ 二万円の収入印紙を貼る。（　　）

4 次の□に当てはまる漢字を下から選び、書き入れなさい。 語彙を豊かに

□① 絶□絶命の苦境に陥る。　【対・体】

□② 危機一□のところで助かった。　【髪・発】

□③ クラス全員が異□同音に賛成した。　【口・句】

□④ 無我□中で本を読む。　【無・夢】

□⑤ 彼と私は□心伝心の仲だ。　【意・以】

□⑥ 袖（そで）振り合うも多□の縁。　【少・生】

□⑦ 亀の甲より年の□。　【功・効】

5 次の□に当てはまる語句を下から選び、書き入れなさい。 常用漢字表について（1）

□① 炊き出しで、お米を一□炊く。

□② 彼の打率は二割四分五□だ。

□③ 食パンを二□買った。

□④ 一□缶入りのしょう油を買う。

斗　厘　升　斤

基本ドリル 2

★学習を広げる

解答 111ページ

学習日 ／ ／

1 次の漢字の読み方を書きなさい。

常用漢字表について (2)

① 実験に硝酸を用いる。
② 組織改革に蛮勇を振るう。
③ 貞淑な妻に感謝する。
④ つい愚痴をこぼす。
⑤ 逓信の業務を行う。
⑥ 一隻のタンカーが接近する。
⑦ 老翁に過去の話を聞く。
⑧ 叔父に手紙を書く。
⑨ 老婆が主人公の昔話。
⑩ 金銭の奴隷にはならない。
⑪ 鼻孔から血が出る。
⑫ 食糧を倉庫に蓄える。
⑬ 計画が中止になる虞がある。
⑭ 塚の周囲を調査する。
⑮ 多くの尼が修行する寺。
⑯ 三番目のものを丙と表す。
⑰ 邪淫を禁ずる。
⑱ 大韓民国へ出張する。
⑲ 見知らぬ国への憧憬。
⑳ 右舷の側に船を進める。
㉑ 脳を覚醒させる運動。
㉒ 某氏の失踪の記事を読む。
㉓ 父はよく焼酎を飲む。
㉔ 妖怪が登場する昔話。
㉕ 妖しい光に幻惑される。
㉖ 拉致された子供を救出する。
㉗ 賄賂は許されない。
㉘ 畑に畝を作る。
㉙ 賭け事に熱中する。
㉚ 旧暦三月を弥生という。
㉛ 瑠璃の装飾が美しい建物。
㉜ その刹那、涙があふれた。
㉝ 外国の海軍の艦艇。
㉞ 儒教の思想を学ぶ。
㉟ 囚人を収容する。
㊱ 殉職した警察官の話。
㊲ 祖母の逝去をいたむ。
㊳ 弱虫で意気地がない。
㊴ 広い海原を見渡す。
㊵ 乳母に育てられる。
㊶ 気持ちが浮つく。
㊷ 遠くに住む叔母に会う。
㊸ 伯母の家に泊まる。
㊹ お巡りさんを呼ぶ。
㊺ 為替の相場に注目する。
㊻ 田植えをする早乙女。

①	②
③	④
⑤	⑥
⑦	⑧
⑨	⑩
⑪	⑫
⑬	⑭
⑮	⑯
⑰	⑱
⑲	⑳
㉑	㉒
㉓	㉔
㉕	㉖
㉗	㉘
㉙	㉚
㉛	㉜
㉝	㉞
㉟	㊱
㊲	㊳
㊴	㊵
㊶	㊷
㊸	㊹
㊺	㊻

□㊼ 五月晴れの日が続く。

□㊽ 丈夫な早苗に育てる。

□㊾ 芝生の手入れをする。

□㊿ 草履の鼻緒（はなお）をすげる。

□51 再開発のため立ち退く。

□52 波止場から出港を見送る。

□53 若人の祭典を企画する。

2 次の意味の語句を後から選び、書きなさい。

常用漢字表について（2）

□① 人の死を敬って言う言葉。（　　）

□② 父母の姉。（　　）

□③ 田植えをする若い娘。（　　）

□④ 船着き場や港のこと。（　　）

□⑤ 小切手などでお金の受け渡しをする方法。（　　）

□⑥ 父母の妹。（　　）

伯母　乳母　為替　波止場
叔母　逝去　早苗　早乙女

3 次の――線の語句の読み方を書きなさい。

常用漢字表について（2）

□① (1) 町のお巡りさん。
(2) 池の周りを巡る。

□② (1) 気持ちが浮つく。
(2) 池に落ち葉が浮く。

□③ (1) 部屋を立ち退く。
(2) 社長の座を退く。

□④ (1) 彼は意気地なしだ。
(2) 彼の心意気を感じる。

4 次の熟語の特別な読み方（熟字訓）を書きなさい。

常用漢字表について（2）

□① 尻尾（　　）　□② 時雨（　　）

□③ 土産（　　）　□④ 小豆（　　）

5 次の――線に当てはまる語句を後から選び、書きなさい。

常用漢字表について（2）

□① 海難救助用のシュウテイを操縦する。（舟廷・舟艇）（　　）

□② 紳士シュクジョ諸君に告ぐ。（淑女・叔女）（　　）

□③ 隣国のだいかんみんこく。（大韓民国・大漢民国）（　　）

確認ドリル 2 ★学習を広げる

解答 111ページ

学習日 ／ ／

1 次の片仮名を漢字と平仮名で書きなさい。

常用漢字表について（2）

①ウバ車を押して歩く。
②ラチ被害者について知る。
③ナンバンとの貿易。
④一か八かにカける。
⑤鎌倉のアマデラを訪ねる。
⑥ショウチュウを生産する。
⑦花火のショウエンの臭い。
⑧よく耕されたウネ。
⑨カンコク料理を食べる。
⑩サオトメが田植えに励む。
⑪心がウワツクときもある。
⑫花のヨウセイの物語。
⑬事件のオソレがある。
⑭東京の外国カワセ市場。
⑮ヤヨイ時代の遺跡の写真。
⑯葉の裏にあるキコウ。
⑰田にサナエを植える。
⑱恩師のセイキョを悲しむ。
⑲ルリ色の羽をもつ鳥。
⑳交番勤務のオマワリサン。
㉑欧州にショウケイを抱く。
㉒穏（おだ）やかに広がるウナバラ。

①	②
③	④
⑤	⑥
⑦	⑧
⑨	⑩
⑪	⑫
⑬	⑭
⑮	⑯
⑰	⑱
⑲	⑳
㉑	㉒

㉓ワイロは違法だ。
㉔街道のイチリヅカ。
㉕シッソウ者が見つかる。
㉖名案がセツナにひらめく。
㉗未来を背負うワコウド。
㉘イッセキの小舟が近づく。
㉙王の死にジュンじた人の墓。
㉚シュクフに礼状を書く。
㉛ジャインを罪とする。
㉜庭にシバフを植える。
㉝ロウバの荷物を持つ。
㉞カンテイが機雷を排除する。
㉟着物に合うゾウリを選ぶ。
㊱船のウゲン側に島が見える。
㊲昔のテイシン省という役所。
㊳アヤしい目の色。
㊴戦後を語るロウオウ。
㊵イクジなしと言われる。
㊶ノウドは領主に支配された。
㊷刑務所のシュウジン。
㊸甲乙の次がヘイだ。
㊹ジュガクの教えを研究する。
㊺テイシュクな女性。
㊻オバは母の姉に当たる。

㉓	㉔
㉕	㉖
㉗	㉘
㉙	㉚
㉛	㉜
㉝	㉞
㉟	㊱
㊲	㊳
㊴	㊵
㊶	㊷
㊸	㊹
㊺	㊻

□㊼ ハトバを舞台とした芝居。
□㊽ オンチだが堂々と歌う。
□㊾ 爽やかなサツキの青空。
□㊿ 麻酔からカクセイする。
□51 非常用のショクリョウ。
□52 タチノキを命じられる。
□53 オバは父の妹だ。

㊼	㊽
㊾	㊿
51	52
53	

2 次の（　）に当てはまる語句を後から選び、書き入れなさい。

常用漢字表について（2）

□① （　　　）をくすぐるおいしそうな匂い。
□② いざというときに備えて（　　　）を買い込む。
□③ 目撃者を守って（　　　）した刑事のために祈る。
□④ 南北戦争後、アメリカでは（　　　）が解放された。
□⑤ 海に漂う（　　　）の船を発見する。
□⑥ 危険地帯に一人で乗り込むのは、ただの（　　　）だ。
□⑦ 不思議な出来事は全て（　　　）のせいにする。

食糧　殉職　鼻孔　一隻　奴隷　蛮勇　妖怪

3 次の文から間違っている漢字を探し、正しい漢字を書きなさい。

常用漢字表について（2）

□① 「論語」は、需教の祖である孔子の言行録だ。（　　）（　　）
□② 賄路を受け取った政治家が逮捕された。（　　）（　　）
□③ 彼女は何かあると愚知ばかりこぼしている。（　　）（　　）
□④ 船の左弦に複数の小島が見えてきた。（　　）（　　）
□⑤ 容疑者が失宗したので、全力で追跡している。（　　）（　　）
□⑥ ヨーロッパの華やかな街並みに憧景している。（　　）（　　）

4 下から国字を五つ選び、書きなさい。

常用漢字表について（2）

□（　　）
□（　　）
□（　　）
□（　　）
□（　　）

愛　畑
働　優
家　峠
祭　海
込　枠

光村図書版　国語準拠

漢字・語句のガイド

解答編　3年

1 深まる学びへ

基本ドリル1　12～13ページ

1 ①せんたくば ②しろもの ③おだ ④おんびん ⑤けいしゃ ⑥にわとり ⑦つめ ⑧つまさき ⑨かいこん ⑩かんとくかん ⑪ていこく ⑫どろ ⑬ごうまん ⑭さが ⑮そうさ ⑯ぶんかつ ⑰じょうだん ⑱ゆいごん ⑲せいめい ⑳すじょう ㉑いっしゅうき ㉒しゅよう ㉓は ㉔そうしき ㉕とくめいせい ㉖せいとん ㉗ちょうじゅう ㉘けものみち ㉙はんぷ ㉚ながそで ㉛そとぼり ㉜まくらもと ㉝ちゃがま ㉞りょうわき ㉟べつむね ㊱びょうとう ㊲わくない ㊳さみだれ ㊴しらが ㊵ふぶき ㊶きょうこく

2 ①シ ②ク ③サ ④オ ⑤ア ⑥コ ⑦カ ⑧キ ⑨エ ⑩ケ

3 腕

4 ①訓 ②訓 ③音 ④訓 ⑤音 ⑥音

5 ①ウ ②ウ ③エ ④ア ⑤イ ⑥ア ⑦イ

確認ドリル1　14～15ページ

1 ①泥 ②分割 ③姓名 ④開墾 ⑤捜索 ⑥遺言 ⑦鶏 ⑧葬式 ⑨素姓 ⑩洗濯 ⑪冗長 ⑫監視 ⑬平穏 ⑭皇帝 ⑮傲慢 ⑯代物 ⑰捜 ⑱爪先 ⑲養鶏 ⑳一周忌 ㉑腫 ㉒家督 ㉓穏 ㉔爪 ㉕腫瘍 ㉖匿名 ㉗獣道 ㉘白髪 ㉙釜飯 ㉚枠組 ㉛頓着 ㉜五月雨 ㉝別棟 ㉞外堀 ㉟峡谷 ㊱頒布 ㊲吹雪 ㊳長袖 ㊴病棟 ㊵獣医 ㊶枕元 ㊷脇道

2 ①のんびり ②にぎやかに ③うっかり ④ほんの ⑤ちゃんと ⑥どっと ⑦さすがに ⑧せわしく ⑨いっとう

3 ①厄介 ②達者 ③郊外 ④開墾 ⑤無視

4 ①ア ②イ ③ウ ④イ ⑤ア ⑥エ ⑦エ ⑧ウ

基本ドリル2　16～17ページ

1 ①ひがた ②あいいろ ③たんもの ④あさせ ⑤にしきえ ⑥きんしゅう ⑦じゅんすい ⑧いき ⑨ひとみ ⑩どう ⑪えっけん ⑫まゆだま ⑬じょうまえ ⑭かんじゃ ⑮ごいし ⑯こうおつ ⑰おとめ ⑱なだれ ⑲やきん ⑳かじ ㉑りゅうさん ㉒いおう ㉓ほうしゅう ㉔きゃっか ㉕はばつ ㉖ばいしょうきん ㉗かんかつ ㉘こうとう ㉙ゆうこく ㉚だったい ㉛しゃくりょう ㉜さた ㉝ろうでん ㉞も ㉟そっこう ㊱みぞ ㊲こうずい ㊳と ㊴そこ ㊵おのれ ㊶おおやけ ㊷そ

2 ①オ ②エ ③キ ④カ ⑤ア ⑥ウ ⑦イ

3 ①イ ②ア ③ウ ④ウ ⑤ア

4 ①雪 ②壊 ③谷 ④上

5 ①順・風 ②南・船 ③換・骨

確認ドリル2　18～19ページ

1 ①甲乙 ②干潟 ③乙女 ④錦 ⑤粋
⑥硫黄 ⑦拝謁 ⑧囲碁 ⑨錦秋 ⑩藍染
⑪急患 ⑫抜粋 ⑬錠剤 ⑭瀬戸物 ⑮雪崩
⑯硫酸 ⑰反物 ⑱瞳 ⑲鍛冶 ⑳繭 ㉑瞳
㉒冶金 ㉓幽閉 ㉔溝 ㉕公 ㉖沙汰 ㉗奪胎
㉘漏電 ㉙洪水 ㉚却下 ㉛高騰 ㉜派閥
㉝損 ㉞管轄 ㉟報酬 ㊱研 ㊲酌量 ㊳漏
㊴己 ㊵側溝 ㊶賠償金 ㊷初

2 ア・エ・カ

3 ア・イ・エ

4 ①ことし ②すもう ③かな ④もめん
⑤ふぶき

5 ①あす・みょうにち ②しらが・はくはつ
③ねんげつ・としつき ④つゆ・ばいう
⑤せいぶつ・なまもの

6 ①沙 ②溝 ③初 ④賠 ⑤轄

2 視野を広げて情報社会を生きる

基本ドリル1　26～27ページ

1 ①きょうぼう ②じゅう ③ゆうそう
④ひさん ⑤おうべい ⑥くさり ⑦れんさ
⑧こちょう ⑨ほこ ⑩ふんそう ⑪まぎ
⑫めぐ ⑬じゅんかい ⑭か ⑮ぼうしょ
⑯あわだ ⑰きほう ⑱しんぼく
⑲どうりょう ⑳ぞうきん ㉑にお
㉒ぼうしゅう ㉓くさ ㉔すいそう
㉕こんだん ㉖かんてつ ㉗けんやく
㉘はくらい ㉙たんてい ㉚そうりょ
㉛もほう ㉜ほったん ㉝そうけ
㉞じゅみょう ㉟じっけい ㊱こくだか
㊲もよ ㊳ひょうしょうしき ㊴たき
㊵じょうじゅん ㊶しゅん ㊷すいせんしゃ
㊸すす ㊹こうそく ㊺たいぐうめん
㊻じゅんきょうじゅ ㊼こうけん ㊽こんだて
㊾かいぎてき ㊿へいき (51)あわ

2 ①ほっさ ②じゅみょう ③そうけ
④こくだか ⑤ぞうきん ⑥こんだて

3 ①勇壮 ②脚色 ③排除 ④蓄積 ⑤制止
⑥増幅

4 ①迫 ②敵

確認ドリル1　28～29ページ

1 ①銃 ②交 ③欧米 ④壮大 ⑤誇示
⑥凶暴 ⑦巡 ⑧紛争 ⑨誇 ⑩紛 ⑪巡回
⑫鎖 ⑬悲惨 ⑭閉鎖 ⑮泡 ⑯臭 ⑰貫徹
⑱懇談 ⑲舶来 ⑳水槽 ㉑倹約 ㉒某所
㉓防臭 ㉔閣僚 ㉕親睦 ㉖水泡 ㉗石高
㉘寿命 ㉙偵察 ㉚高僧 ㉛伴侶 ㉜臭
㉝長兄 ㉞宗家 ㉟模倣 ㊱発端 ㊲頭巾
㊳最寄 ㊴併 ㊵懐疑的 ㊶准教授 ㊷上旬
㊸待遇 ㊹多岐 ㊺表彰 ㊻旬 ㊼併用 ㊽薦
㊾貢献 ㊿拘束 (51)推薦 (52)献立

2 ①徹 ②偵 ③倹 ④槽 ⑤僚

3 ①誇張 ②飛躍的 ③頑丈 ④継承 ⑤悲惨

4 ①勧 ②薦 ③募 ④併

3 言葉とともに読書生活を豊かに

基本ドリル1　34～35ページ

1 ①ひざ ②かろ ③さむらい ④じい
⑤よい ⑥たき ⑦くわばたけ ⑧そしょう
⑨さいけん ⑩ねんぽう ⑪はたん ⑫ほころ
⑬いんぺい ⑭しんちょく ⑮おろし
⑯おろ ⑰はがね ⑱くも ⑲どんてん
⑳あらし ㉑か ㉒きゅうかく ㉓けんばん
㉔うず

2 ①鑑賞 ②制約 ③撮る ④返す

3 ①繰 ②積

4 ①断念 ②放浪 ③感性 ④訴訟
⑤進捗〈捗〉 ⑥隠蔽〈蔽〉

5 （例）この本は、私の好奇心をかきたてる。

6 ①映し出す ②くつろぐ ③まとう
④渦を巻く ⑤持て余す ⑥言い足す
⑦言づかる ⑧気が進まない

確認ドリル1　36～37ページ

1 ①軽 ②膝 ③卸 ④侍 ⑤減俸 ⑥桑
⑦綻 ⑧遮蔽〈蔽〉 ⑨侍医 ⑩宵 ⑪滝
⑫卸 ⑬進捗〈捗〉 ⑭破綻 ⑮訴訟 ⑯国債
⑰曇 ⑱嵐 ⑲曇天 ⑳鋼 ㉑地盤
㉒嗅〈嗅〉覚 ㉓嗅〈嗅〉 ㉔渦潮

2 ①ア ②カ ③オ ④イ ⑤ウ ⑥エ ⑦キ

3 ①（例）優勝するために、ひたすら練習する。
②（例）彼と話しているうちに、おのずと心が軽くなった。

4 ①関 ②記 ③複 ④型 ⑤徴 ⑥紹 ⑦換 ⑧製

5 ①用いて ②難しい ③○ ④捉える ⑤伴う ⑥騒がしい ⑦遮られる

6 無

4 状況の中で

基本ドリル1 48～49ページ

1 ①かん ②こん ③やと ④かいこ ⑤つや ⑥できあい ⑦おぼ ⑧ゆ ⑨ちくしょう ⑩へい ⑪ぬ ⑫とそう ⑬びんぼうにん ⑭とぼ ⑮さいふ ⑯だちん ⑰だんなさま ⑱がんたん ⑲なごり ⑳した ㉑ぼじょう ㉒ま ㉓あさいと ㉔すうはい ㉕さる ㉖るいじんえん ㉗こま ㉘こけつ ㉙とら ㉚ごえつどうしゅう

2 ①キ ②カ ③ク ④ウ ⑤コ ⑥オ ⑦ケ ⑧ア

3 ①オ ②ア ③カ ④ケ ⑤サ ⑥コ ⑦エ ⑧ク ⑨キ ⑩シ

4 ①頭 ②襟 ③花 ④涙 ⑤肩 ⑥猫 ⑦鼻 ⑧棚 ⑨胸 ⑩心

確認ドリル1 50～51ページ

1 ①麻酔 ②駄賃 ③家畜 ④溺〈溺〉 ⑤慕 ⑥旦那 ⑦閑散 ⑧塀 ⑨貧乏 ⑩元旦 ⑪塗装 ⑫雇 ⑬麻糸 ⑭乏 ⑮紺色 ⑯色艶 ⑰解雇 ⑱塗 ⑲崇拝 ⑳溺〈溺〉愛 ㉑慕情 ㉒名残 ㉓財布 ㉔結 ㉕類人猿 ㉖虎 ㉗呉服屋 ㉘駒 ㉙猿 ㉚虎穴

2 ①明 ②捕 ③渇 ④締 ⑤駆

3 ①オ ②イ ③ク ④ウ ⑤カ ⑥ア

4 ①豊作 ②船首

5 ①きわどい ②安らかな ③ひたすら ④やるせない ⑤野放図な ⑥物騒な

6 ①イ ②ア ③イ ④ウ ⑤ア

基本ドリル2 52～53ページ

1 ①ふへん ②けいやく ③ゆうよ ④はいきぶつ ⑤すた ⑥のぼ ⑦かぶき ⑧きゅうけい ⑨いこ ⑩しょうもう ⑪れいぞく ⑫こくめい ⑬はなは ⑭ぶじょく ⑮ふんがい ⑯ぼんよう ⑰ほうちく ⑱しょみん ⑲ふしょうじ ⑳ひめん ㉑ちんあつ ㉒じょうみゃく ㉓ぜんぞう ㉔りゅうき ㉕じょじょう ㉖たいほ ㉗れいじょう ㉘ちゅうすうしんけい ㉙わようせっちゅう ㉚こうきしゅくせい ㉛しつじつごうけん ㉜とうほん

2 ①定 ②叙 ③令 ④象

3 ①共助 ②漸増 ③隆起 ④放逐 ⑤消耗 ⑥謄本 ⑦自助 ⑧罷免 ⑨不祥事 ⑩克明

4 ①（例）彼の小説は他作品とは一線を画する。
②（例）先生の忠告に耳を傾ける。

5 ①漸減 ②開放 ③普遍 ④憤慨 ⑤謄本 ⑥歌舞伎 ⑦循環 ⑧鑑賞

確認ドリル2 54～55ページ

1 ①遍歴 ②契機 ③自叙伝 ④克服 ⑤枢軸 ⑥消耗 ⑦鎮圧 ⑧憤慨 ⑨侮辱 ⑩剛直 ⑪廃棄 ⑫中庸 ⑬庶務 ⑭甚 ⑮上 ⑯隷属 ⑰廃 ⑱令嬢 ⑲謄本 ⑳休憩 ㉑逐一 ㉒憩 ㉓不祥事 ㉔罷免 ㉕逮捕 ㉖漸次 ㉗静脈 ㉘猶予 ㉙隆起 ㉚折衷 ㉛自粛 ㉜歌舞伎

2 ①抑える ②確かめる ③甚だしく ④廃れる ⑤○

3 ①齢 ②属 ③辱 ④凡 ⑤推

4 ①際連 ②判所 ③議・挙 ④擬試

5 ①憩 ②廃 ③庶 ④逐 ⑤侮 ⑥鎮

6 ①質実 ②転換 ③和洋 ④浦浦 ⑤中枢 ⑥猶予 ⑦温故 ⑧綱紀 ⑨自助 ⑩閉鎖

基本ドリル3 56～57ページ

1 ①きじょう ②むなざんよう ③くらい ④ひつぜつ ⑤じもく ⑥みぞう ⑦そうそふ ⑧めんぼく（めんもく） ⑨あたいせんきん ⑩すけだち ⑪へいそくかん ⑫ようさい ⑬ふさ ⑭かっとう ⑮ふじいろ ⑯しんらつ

⑰ゆううつ　⑱ほ　⑲しいてき　⑳しゅうち
㉑いしょう　㉒てんぷ　㉓ふよう　㉔かもく
㉕てきぎ　㉖がくせいりょう　㉗しゅさい
㉘じょう　㉙さいえん　㉚じょうもん

2 ①栃　②埼　③井　④滋　⑤縄　⑥媛

3 ①ウ　②オ　③ア　④エ　⑤イ

4 ①宀　②イ　③丬

5 ①（例）未曽有の不景気への対策を発表する。
②（例）新作映画が辛辣な評価を受ける。

6 ①浦浦　②寮　③天井　④縄文　⑤扶
⑥適宜

確認ドリル3　58〜59ページ

1 ①蔵入　②面目　③筆舌　④未曽有　⑤机上
⑥助太刀　⑦曽祖母　⑧胸算用　⑨値千金
⑩耳目　⑪才媛　⑫寮母　⑬便宜　⑭寡黙
⑮塞　⑯羞恥　⑰恣意　⑱縄文　⑲宰相
⑳憂鬱　㉑天賦　㉒藤　㉓辣腕　㉔扶養
㉕閉塞　㉖要塞　㉗師匠　㉘褒　㉙滋養
㉚葛〈葛〉藤

2 ①的　②感

3 ①愛媛　②熊本　③滋賀　④沖縄

4 ①(1)騎乗　(2)机上　②(1)天賦　(2)添付
③(1)意匠　(2)衣装　④(1)主宰　(2)主催
⑤(1)周知　(2)羞恥

5 ①藤　②憂　③寂

6 ①胸算用　②未曽有　③値千金　④適宜
⑤才媛　⑥滋養　⑦寡黙　⑧扶養　⑨辛辣

5 自らの考えを

基本ドリル1　64〜65ページ

1 ①しょうぎ　②かっしょく　③こはん
④ほのお　⑤えんじょう　⑥せきつい
⑦あねったい　⑧こうばい　⑨せんかい
⑩さんろく　⑪ふもと　⑫くはい　⑬さかずき
⑭えいしょう　⑮きょうしゅう　⑯あいとう
⑰たいだ　⑱せんりつ　⑲こも　⑳こわいろ
㉑いわむろ　㉒じびか　㉓めいろ　㉔はつこい
㉕れんあい　㉖こい

2 ①意思　②膨大　③違和

3 褐色

4 ①エ　②ク　③キ　④オ　⑤カ　⑥イ　⑦コ
⑧シ　⑨ア　⑩ウ　⑪ス　⑫ケ　⑬サ　⑭セ

5 ①清濁　②募金　③苦杯　④豊富

6 ①こわだか　②じびか　③いわむろ
④じゅみょう　⑤やくしょく

確認ドリル1　66〜67ページ

1 ①将棋　②脊椎　③亜熱帯　④詠唱　⑤湖畔
⑥慄然　⑦山麓　⑧迷路　⑨岩室　⑩胃炎
⑪麓　⑫追悼　⑬子守　⑭耳鼻科　⑮惰眠
⑯声色　⑰郷愁　⑱杯　⑲炎　⑳茶褐色
㉑祝杯　㉒勾留　㉓旋回　㉔恋愛　㉕恋

2 ①惰　②旋　③膚

3 ①凶　②偽　③緩

4 ①交　②委　③守　④炎　⑤哀　⑥迷　⑦恋
⑧初

5 ①棋　②畔　③幣　④愁　⑤詠

6 ①ツイ　②ビ　③ふもと　④ア　⑤むろ

6 いにしえの心を受け継ぐ

基本ドリル1　70ページ

1 ①しぐれ　②こきんわかしゅう　③ころも
④とうと（たっと）　⑤お　⑥しょげん
⑦じょうちょ　⑧べっそう　⑨かどで

2 ①永久　②準備　③生涯

3 ①ウ　②カ　③イ　④オ　⑤ア　⑥エ

4 ①しみじみ　②もろもろ　③そわそわ

確認ドリル1　71ページ

1 ①時雨　②鼻緒　③情緒　④貴（尊）
⑤古今　⑥貴（尊）　⑦衣　⑧緒戦
⑨山荘　⑩門出

2 ①イ　②ア　③ウ　④イ

3 ①珠玉　②勇猛　③精霊　④風雅
⑤漂泊　⑥別荘

4 ①さみだれ　②つゆ

7 価値を生み出す　読書に親しむ

基本ドリル1　80〜81ページ

1 ①こはるびより　②あや　③こうがい
④はしげた　⑤さんばし　⑥どんよく

⑦むさぼ　⑧しゅうわい　⑨まかな
⑩えつらく　⑪おんねん　⑫いろう
⑬なぐさ　⑭さぎ　⑮ふほう　⑯せんさく
⑰ぎせい　⑱くれない　⑲ちまなこ
⑳うじがみさま　㉑だんがい　㉒たんこう
㉓ぞうげ　㉔きば　㉕ゆうてん　㉖しっと
㉗しきしだい　㉘いっちょういっせき
㉙ぼうじゃくぶじん　㉚う（え）　㉛お
㉜おそ　㉝いけい　㉞つい　㉟たまわ
㊱さかのぼ　㊲ながうた　㊳きゅうじょう
㊴きゅうだん　㊵がんぐ　㊶なかす　㊷そち
㊸こがねいろ　㊹かんぬし

2 ①イ　②ア　③ウ　④エ　⑤カ　⑥オ

3 ①保障　②負う　③挙げる　④応える

4 ①妬・思　②得・雌　③雷・解　④著・雇
⑤融・縁

5 ア

確認ドリル 1　82～83ページ

1 ①危　②日和　③満悦　④坑道　⑤嫉妬
⑥慰労会　⑦得　⑧賜　⑨詐欺　⑩桟橋
⑪融通　⑫糾弾　⑬怨念　⑭愛玩　⑮弾劾
⑯慰　⑰畏　⑱収賄　⑲詮索　⑳畏敬　㉑牙
㉒桁違　㉓長唄　㉔夕日　㉕次第　㉖氏神
㉗神主　㉘中州　㉙眼　㉚遡　㉛象牙
㉜傍若無人　㉝訃報　㉞費　㉟貪欲　㊱窮状
㊲賄　㊳犠牲　㊴貪　㊵措置　㊶生　㊷紅
㊸黄金色　㊹脳梗塞

2 ①陥る　②関わる　③〇　④抱える　⑤謝る
⑥慰める

3 ①きへん　②こころ　③ごんべん
④うしへん

4 ①氏　②施　③言　④得

5 ①橋桁・血眼　②戦慄・玩具　③額縁・素直
④野宿・豚肉

基本ドリル 2　84～85ページ

1 ①しない　②しにせ　③でこぼこ　④じゃり
⑤はいはんちけん　⑥げかしゅじゅつ
⑦きんきちほう　⑧むしゃしゅぎょう
⑨かたき　⑩う　⑪わざわ　⑫ごう　⑬しり
⑭いくさ　⑮ぜに　⑯ざんてい　⑰せいふく
⑱たんれん　⑲ざぜん　⑳かばしら
㉑しゅいろ　㉒しぶがき　㉓かわらばん
㉔せきひ　㉕たてつぼ　㉖ほうがく　㉗そぞう
㉘しっつい　㉙だらく　㉚かきね　㉛ぼうおん
㉜はなぞの　㉝こんじゃく　㉞たいよ
㉟しんせん　㊱ぜせい　㊲せいさん
㊳いっちょうら　㊴や　㊵ほんろう
㊶もてあそ　㊷ざんこく　㊸ゆくえ

2 ①今昔　②退路　③水槽　④引率　⑤円高

3 ①エ　②ア　③イ　④ウ　⑤イ　⑥エ

4 ①エ　②ア

5 ①漸次　②斬新　③暫定　④工面
⑤精を出す　⑥耳を塞ぐ

確認ドリル 2　86～87ページ

1 ①外科　②尻　③災　④敵　⑤修行
⑥老舗　⑦討　⑧近畿　⑨竹刀　⑩銭
⑪戦　⑫砂利　⑬近郷　⑭凸凹　⑮藩主
⑯瓦　⑰座禅　⑱蚊　⑲征服　⑳塑像
㉑深浅　㉒垣根　㉓朱色　㉔坪庭　㉕邦楽
㉖花園　㉗今昔　㉘石碑　㉙柿　㉚堕落
㉛忘恩　㉜墜落　㉝貸与　㉞鍛錬（鍛練）
㉟暫時　㊱凄絶　㊲辞　㊳羅列　㊴是正
㊵弄　㊶翻弄　㊷残酷　㊸行方

2 ①なごり　②しない　③じゃり　④たび

3 ①修行　②万有　③無量　④満帆

4 ①〇　②×　③〇

5 ①ウ　②イ　③エ　④ア

6 ①肖　②堕　③暫　④搬　⑤征

8 未来へ向かって

基本ドリル 1　89ページ

1 ①いなほ　②こんちゅう

2 (1)へいぜい　(2)き

3 ①エ　②ウ　③オ　④ア　⑤イ

確認ドリル 1　89ページ

1 ①稲穂　②昆布

2 ①優　②務　③償　④緯

3 ①〇　②見渡す　③焦がす

★学習を広げる

基本ドリル1 98～99ページ

1 ①しゃみせん ②かたず ③と ④しょう
⑤ますめ ⑥きん ⑦りん ⑧いち ⑨に
⑩ちん ⑪こうたいしひ ⑫おうこう
⑬はくしゃく ⑭ぎょくじ ⑮たいかん
⑯しょうちょく ⑰か ⑱ただ ⑲ほうそう
⑳やっかん ㉑おんしゃ ㉒きふ
㉓ちゃくりゅう ㉔しし ㉕こせきしょうほん
㉖せっとう ㉗ゆうかい ㉘きそん ㉙きんこ
㉚しょうい ㉛げんすい ㉜いんこう
㉝かんせん ㉞しゅとう ㉟せきり
㊱にんしん ㊲ごうもん ㊳ちゅうとん
㊴りょ ㊵もうてん ㊶はいせき
㊷きょうせい

2 ①非常 ②明かす

3 ①納 ②工 ③踏 ④募 ⑤装

4 ①ア ②ウ ③エ ④ク ⑤ケ ⑥カ ⑦コ
⑧オ ⑨キ ⑩イ

確認ドリル1 100～101ページ

1 ①三味線 ②固唾 ③抄訳 ④壱 ⑤詔勅
⑥腺 ⑦嫡子 ⑧容赦 ⑨王妃 ⑩矯正
⑪北斗七星 ⑫斤 ⑬誘拐 ⑭重曹 ⑮一升
⑯盲点 ⑰王侯 ⑱拷問 ⑲厘 ⑳下痢
㉑且 ㉒禁錮（禁固） ㉓排斥 ㉔駐屯 ㉕弐
㉖妊娠 ㉗天然痘 ㉘伯爵 ㉙大尉
㉚附属（付属） ㉛但 ㉜升 ㉝毀損 ㉞国璽
㉟戴冠 ㊱朕 ㊲嗣子 ㊳咽喉 ㊴捕虜
㊵約款 ㊶元帥 ㊷窃盗

2 ①頭 ②骨 ③胸 ④手 ⑤目 ⑥口

3 ①附 ②壱 ③弐

4 ①体 ②髪 ③口 ④夢 ⑤以 ⑥生 ⑦功

5 ①升 ②厘 ③斤 ④斗

基本ドリル2 102～103ページ

1 ①しょうさん ②ばんゆう ③ていしゅく
④ぐち ⑤ていしん ⑥いっせき ⑦ろうおう
⑧しゅくふ（おじ） ⑨ろうば ⑩どれい
⑪びこう ⑫しょくりょう ⑬おそれ
⑭つか ⑮あま ⑯へい ⑰じゃいん
⑱だいかんみんこく ⑲しょうけい（どうけい）
⑳うげん ㉑かくせい ㉒しっそう
㉓しょうちゅう ㉔ようかい ㉕あや ㉖らち
㉗わいろ ㉘うね ㉙か ㉚やよい ㉛るり
㉜せつな ㉝かんてい ㉞じゅきょう
㉟しゅうじん ㊱じゅんしょく ㊲せいきょ
㊳いくじ ㊴うなばら ㊵うば ㊶うわつく
㊷おば（しゅくぼ） ㊸おば（はくぼ）
㊹おまわりさん ㊺かわせ ㊻さおとめ
㊼さつき ㊽さなえ ㊾しばふ ㊿ぞうり
(51)たちのく (52)はとば (53)わこうど

2 ①逝去 ②伯母 ③早乙女 ④波止場
⑤為替 ⑥叔母

3 ①(1)おまわりさん (2)めぐる
②(1)うわつく (2)うく
③(1)たちのく (2)しりぞく
④(1)いくじ (2)こころいき

4 ①しっぽ ②しぐれ ③みやげ ④あずき

5 ①舟艇 ②淑女 ③大韓民国

確認ドリル2 104～105ページ

1 ①乳母 ②拉致 ③南蛮 ④賭〈賭〉
⑤尼寺 ⑥焼酎 ⑦硝煙 ⑧畝 ⑨韓国
⑩早乙女 ⑪浮つく ⑫妖精 ⑬虞 ⑭為替
⑮弥生 ⑯気孔 ⑰早苗 ⑱逝去 ⑲瑠璃
⑳お巡りさん ㉑憧憬 ㉒海原 ㉓賄賂
㉔一里塚 ㉕失踪 ㉖刹那 ㉗若人
㉘一隻 ㉙殉 ㉚叔父 ㉛邪淫〈淫〉
㉜芝生 ㉝老婆 ㉞艦艇 ㉟草履 ㊱右舷
㊲逓信 ㊳妖（怪） ㊴老翁 ㊵意気地
㊶農奴 ㊷囚人 ㊸丙 ㊹儒学 ㊺貞淑
㊻伯母 ㊼波止場 ㊽音痴 ㊾五月
㊿覚醒 (51)食糧（食料） (52)立ち退き
(53)叔母

2 ①鼻孔 ②食糧 ③殉職 ④奴隷 ⑤一隻
⑥蛮勇 ⑦妖怪

3 ①儒 ②賂 ③痴 ④舷 ⑤踪 ⑥憬

4 畑・働・峠・込・枠

6 5 4 3 2 1
D C B A